Ko te Torotoro

i te Whenua

o Īnia

PETER J KEEGAN

(Nō Waikato-Maniapoto, nō Ngāti Porou)
Tāmaki Makaurau, Aotearoa

I whakaputaina tuatahitia e Peter J Keegan i te tau 2024.

ISBN 978-0-473-70543-5 (print)
ISBN 978-0-473-70544-2 (epub)

Nō Peter J Keegan 2024 te mana tārua i ngā kōrero.

Kua noho manatā tēnei pukapuka. Atu i ngā mahi pono e whakaaetia ana i raro i te Ture Manatā, pērā i te akoranga whaiaro, te rangahau, te arohaehae, te arotake rānei, kāore e whakaaetia kia tāia tētahi wāhanga o te pukapuka nei ahakoa te tukanga tā. Me mātua tono whakaae mai i a Peter J Keegan.

Kei te pātengi raraunga o Te Puna Mātauranga o Aotearoa te whakarārangi o tēnei pukapuka.

www.maorilanguage.info/puka-inia/

Ngā Upoko

Te Tīmatatanga

Nō te tau 1986 ka tae tuatahi atu au ki te whenua o Īnia.
Ka hoki anō atu au i te tau 2011, ā, mai i taua wā, kua
kaha haere aku hokihokinga atu ki reira. Ahakoa ngā
whenua rerekē kua tauria e ōku ake waewae, arā, ko
Ahitereiria, ko Ingarangi, ko Airani, ko Wēra, ko Hapani,
ko Hingapoa, ko Mareihia, ko Piripīni, ko Tairana, ko
Pākaratēhi, ko Pāniora, ko Nōwei, ko Huītene, ko Kānata,
ko Perū, ko Taiwana, ko Hawai'i, ko Amerika ko whea
rānei, ko te whenua o Īnia tonu te wāhi tino pai ki a au,
hāunga tōku ake nei kāinga ko Aotearoa, kei Te
Moananui a Kiwa.

Ka toko ake te pakirehua, he aha i pēnei ai aku
hokihokinga atu ki Īnia? He aha rā ngā āhuatanga o Īnia e
whakapakepake ana, e whakamīharo ana, e
whakamataku ana i ahau. Koia nei te take o tēnei
tuhituhinga, ko aku tirohanga, ko aku whakaaro, ko aku
āwangawanga, ko ērā momo mea katoa mō te whenua o
Īnia, ā, i runga anō i te wawata ka whai hua tēnei

tuhituhinga ki te kaipānui, ki te tūruhi (tūruhi reo Māori nei o Aotearoa) e hiahia ana ki te haere ki taua whenua.

Ko taku taenga tuatahitanga atu ki Īnia he tūponotanga. Ehara nō te tino hiahia kia peka atu ki taua wāhi te take i haere ai ahau, heoi anō, ka rongo kōrero au mō tētahi haerenga ā-rōpū (ko ētahi o aku hoa) ki reira, ā, ka tūhono atu au ki te rōpū nei. Ko te haerenga nei he putanga kē atu ki waho o Aotearoa, he wā tuatahi ki a au ki te titiro ki te ao whānui, arā, ki ngā whenua kei tua atu o tōku kāinga tupu, ki Taranaki. I mīharo au ki taua whenua, ā, tāria te wā, ka whakamanahau, ka kauanuanu, ka wehi tonu au ki Īnia.

I a au e tīmata ana i tēnei tuhituhinga kāore rawa au i te tino mōhio mēnā ka taea te tuhituhi tēnei tuhituhinga. E mōhio ana au ki te pai (ki te kino rānei) o taku reo Māori mō te whakawhitiwhiti kōrero ki te tangata i ngā wā ōpaki, i ngā wā ōkawa, engari he mahi anō ko te tuhituhi kia tino mārama ai ngā kaipānui. Kua tau kē au ki te tuhituhi i te reo Ingarihi, ā, kua mōhio hoki kē au ki ngā āhuatanga o te tuhituhinga pai. He kaha hoki ahau ki te pānui i ngā tuhituhinga e pā ana ki taku mahi, ki taku ao, ki ngā mea e pai nei au. Kua neke atu i te rua tekau tau ahau e mahi ana hei kaiwhakaako whare wānanga, ka mutu, he ao tuhituhi te whare wānanga. Engari kāore kau he pukapuka reo Māori (tuhinga haerenga) o ināianei mō tēnei kaupapa, mō te haerenga ki Īnia, ki whea rānei, nō reira kāore he tauira pukapuka hei whaiwhai māku. Nā, hei āwhina i te kaipānui, kua whakaurua e au he rārangi o ngā kupu hou, ngā kupu hoki kāore e mōhiotia whānuitia ana, arā he rārangi kuputaka.

He tangata kaipukapuka au. Koia nei taku pūkenga whakahirahira (hāunga rā aku pūkenga whakaputa kōrero katakata). Ka taea te kī he 'noke-pukapuka' a Pita, ā, ko Pita he tangata kua warea haeretia e ngā pukapuka i roto i ngā tau, he takeo ki ētahi, he mātanga ki ētahi atu. Nō reira e whakamātautau ana au i a au anō ki roto i tēnei mahi.

Me whakatūpato au i ngā kaipānui. Nōku rā anō ēnei whakaaro, koia ōku ake wheako, kāore e kore he rerekē ngā wheako o tēnā, o tēnā, o tēnā. Koia nei ngā mea e maumahara ana ahau, me te mōhio ina whakawhirinaki ana au ki taku hinengaro, ā, i ētahi wā ka hē te hinengaro, nā, ehara tēnei tuhituhinga i te tuhinga e ōrite pū ana ki te hītori tūturu, arā ki ērā mea i hopukia ai e te mīhini reo ataata, i tāraitia ai ki te kōhatu. He tirohanga nāku tēnei ki te ao e noho nei au.

Heoi anō me tīmata ki te tīmatatanga. Ka whakaatu au i te āhuatanga o Īnia, ā, ka huri au ki ngā mahi tūruhi ki reira, ki ōku ake wheako. Ka kōrerotia ngā whakaritenga, ngā rerenga, te moni, te hāereere haere ki roto i Īnia, ngā rauemi, ngā wāhi noho. Ka matapakina ētahi o ngā wāhi rongonui pērā i te *Taj Mahal*, i *Rishikesh*, i ngā tāone nunui rawa atu pērā i a Teri, i a Mumupai, i a Karakata hoki. Ka anga kē ki te whenua o Pākaratēhi. Ki te wāhanga tuarua, ka whakaputa whakaaro au mō ngā reo o Īnia. Ki te wāhanga tuatoru ka tirohia ngā pukapuka, ngā tuhituhinga o Īnia, o whea rānei. Ki te wāhanga tuawhā ka whakapuaki au i taku mōhio ki te ahurea Īnia, ki te ahurea Aotearoa. Ka whakatepea tēnei pukapuka ki te whakapinga.

I ētahi wāhi o tēnei tuhituhinga ka tuhia he kupu ki te momo tuhinga o Īnia e kīia nei ko *Devanāgarī* देवनागरी, hei whakamauhara ki a au ki te whakahua tika o ērā kupu *Hindi,* ā, i ētahi wā ka pērā kia pai ai te whakamino ki te kupu Māori. Ki a au, kāore rawa he tino take o te whakamāori i ngā ingoa o ngā tāngata nō Īnia, i a wai ake rānei, i ngā ingoa wāhi o Īnia katoa rānei ki te reo Māori. Ko te tūmanako he ngāwari ake tēnei ki te kaipānui.

Ko Īnia, He Aha rā te Whenua o Īnia?

He whenua rongonui a Īnia. He nui ngā maunga, ngā ngahere, ngā awa, me ngā koraha. Te tini, te mano, te huhua hoki o ngā tāngata e noho ana ki reira. Ko te iti, ko te rahi, ko te whai rawa, ko te papapori o waenga, ko te pōhara, kei reira te katoa e noho ana. E ai ki ngā tohunga taupori i te tau 2023, kua pāhi a Īnia i a Haina mō te nui o ngā tāngata e noho ana ki te whenua kotahi.

He iwi hāereere haere te iwi o Īnia; ka kitea kei ngā tōpito o te ao (he nui kei Tāmaki Makaurau e noho ana). I te tau 2023, ka tae atu tētahi waka ātea nō Īnia ki a Rona i te marama, ānō nei ka whakatūria he nohoanga ki reira, ā, kāore e roa, ka toro atu rātou ki ngā aorangi o te ao tukupū!

Ko Īnia he whenua tawhito, he whenua hou, he whenua rerekē e ahu kē atu ana ki te ao hurihuri. Nā te nui o ngā momo tāngata, o ngā reo, he tika te kī he nui ngā whenua i te whenua kotahi. Ko te hau kāinga o

Gandhi, rātou ko *Tagore*, ko *Ambedkar* hoki (ka raru au ki konei i te kore ōku i whakaingoa i ngā tāngata tino rongonui katoa!). He whenua kīngi, he whenua kuīni, he whenua rangatira, he wāhi whare kīngi. Tokohia kē ngā tāngata kūru, ngā pirihi me ngā tāngata tapu.

Ko tō Īnia wāhi he whaitua i roherohetia ai mai rā anō. He whaitua e matenuitia ana e te rāwaho, he whaitua i urutomotia e te whakaariki. Nō te tau 1947 ka riro i a Īnia te mana motuhaketanga, arā ka panaia rawatia te hunga o Piritana. Ka whakanuia te rā 15 o Ākuhata hei whakamaumaharatanga ki te rironga o te mana motuhaketanga, ki te wetewete rawatanga o ngā hereherenga o te iwi o Piritana.

E ai ki ngā kōrero i ngā wā o mua ka ahu mai te ingoa o Īnia mai i te kupu *Sindhu*, koia rā te ingoa kei roto i te *Rig Veda* (he tuhituhinga tawhito rawa atu) mō te awa e kīia nei i te reo Kariki ko te *Indus*. Tae rawa ake ki te reo Pākehā mā roto mai i te reo Rātini (i ahu mai te reo Kariki), kua *India* kē.

Ko tētahi kupu mō Īnia ka kaha whakamahia ki reira ko te *Bhārata* (भारत) (kāore te /a/ whakamutunga e whakahuatia ana, arā, ko /Bhārat/ kē). He kupu tēnei nō te reo matua (o te raki) e kīia nei ko *Hindi*. Ki te whakawhiti i tērā kupu *Bhārata* ki te reo Māori, ka "Paharata", ka "Pārata" rānei te whakahua. Engari e mōhio whānuitia ana te kupu Īnia, nō reira kāore pea he tino take kia whakawhiti ki tētahi atu kupu mino hou.

Ka mutu taku paku whakaaturanga o Īnia ki konei. Ki te hiahia ki ngā pukapuka hītori o Īnia, tirohia ngā kaituhi, pērā i a *Ramachandra Guha*, rātou ko *John Keay*, ko *William Dalrymple* (he rawe katoa ngā tuhituhinga a *Dalrymple* ki a au), ko *David Gilmore*, ko wai mā atu, ko wai mā atu. Kāore e kore he nui anō ngā kaituhi hītori atu i ērā e mōhio ana ahau. Ki te wāhanga e whai ake nei ka kōrerotia te mahi tūruhi i Īnia.

Te Mahi Tūruhi, Te Mahi Tāpoi, Te Torotoro i a Īnia

He whenua tūruhi a Īnia. He nui ngā wāhi rongonui, ngā wāhi whakatā, ngā mahi pai mō te kaitorotoro. Ka rongonui hoki ngā tāngata pikoni (pīnono rānei) i ngā tūruhi, whakararu tūruhi, arā te nanakia, te autaia, me te whanokē (kei reira ēnei āhuatanga katoa ki roto i te tangata kotahi!). Kia hāngai hoki te tirohanga he maha hoki ngā tāngata pai i Īnia, ngā tāngata kaha ki te āwhina i te tūruhi. Ahakoa ka taetae mai te hunga nō ngā pito o te ao ki Īnia, ā, ka mahi tūruhi hoki te hunga Īnia ki roto tonu i te whenua o Īnia, ki waho hoki. Ko ētahi o ngā kitenga nui ko ngā whare tapu (ngā temepara, ngā wāhi karakia), ko ngā whare whakamaumaharatanga, ko ngā ana tapu, ko ngā pāka nahinara, ko ngā taha moana ki te tonga, ko ngā koraha, ko ngā pae maunga, ko ngā tāone tawhito, ko ngā kararehe, ko ngā manu, ko ngā ngārara, ko ngā aha atu, ko ngā aha atu.

He mahi mīharo anō ko ngā hui nui, ko ngā taiopenga

o Īnia, arā ko ngā taiopenga whakapono. Ko Tiwāri (*Diwali* दीवाली, *Deepavali* दीपावली rānei) te taiopenga o ngā rama, he hui nui ka kaha whakamahia e te hunga Īnia puta kē atu i te ao. Ahakoa he taiopenga Hinirū tēnei, ka whakanuia e ētahi atu whakapono ki Īnia. Ko *Holi* (होली) tētahi anō taiopenga nui e tohu ana i te taenga mai o te kōanga, i te aroha o ētahi o ngā atua, i te toa (te wikitoria) o te pai i te kino. Ki ētahi ko tēnei te taiopenga o ngā kara maha.

He nui atu ngā mea pai o Īnia. He wāhi pakihi, he wāhi whakatupu kai, he wāhi tukanga auaha. Ko Īnia tērā e tere ahu atu ana ki te ao hou. Ko Īnia hoki tērā e pupuri ana i ana ahurea, i ana tikanga nō te ao tawhito. Ahakoa he nui ngā mea pai, he nui tonu ngā taumahatanga. Ko kōrerotia ēnei mea katoa i ngā upoko kōrero e whai ake nei.

Ngā Whakaritenga

He nui ngā whakaritenga hei whakaarotanga māu mō te haere ki Īnia. He nui ngā momo mate (o te tinana) ka pā ki te tangata ki reira, arā he whenua ka nui ngā mate rere, ngā mate ka kaha pā ki te tinana. Mehemea he haerenga poto, ā, ka noho ki tētahi hōtēra tino pai (hōtēra e nui ana te utu), ka kai hoki ki taua hōtēra, kāore pea he tino raruraru. Heoi anō ki a tātou e hiahia ana ki te torotoro haere, ki te kai i ngā kai o te haukāinga, he āhuatanga anō tēnā.

Me āta aro te tangata tūruhi ki ngā wai o Īnia, nō te

mea kei reira ko te mate korara, ko te mate taipō, ko te mate mararia hoki, arā, ko ngā mate e haria ana e te wai. Ka āhei te tūruhi ki te hoko pātara wai e iti nei te utu i Īnia, engari nō Īnia kē te nuinga o ngā pātara wai e hokona atu ana, nō reira he uaua te ine i te kounga o te wai.

Ka tino whai hua te mahi whakamātautau i ō toto i mua rā anō i te haerenga ki Īnia, ki tāwāhi rānei. Ka pēnei au, ā, e ai ki te whakamātautau he koretake taku tinana ki te karo i te mate taipō *A*. Ka kī mai taku tākuta he rongoā mō tēnei ko te *Twinrix* (he pai hei karo atu i te mate taipō *A*, i te mate taipō *B* hoki), nā, ka riro i a au tērā rongoā. E toru ngā wā kua werohia tōku tinana ki te rongoā rā, e ono marama ā muri kua kaha haere tōku tinana, ā, kua reri ki te ārai atu i ēnei mate e rua. Ko te *Twinrix* āhua whitu rau taara te utu! Ka kī mai anō taku tākuta "Ka noho te rongoā nei ki tō tinana mō te whā tekau tau, ka roa rawa ake i tō oranga". Engari ka hipa pea ngā tau tekau, ka nui ake rānei, ka whakamātautau anō ai au i taku toto, ā, ko te hua o te whakamātautau, kua ngaro haere ana te kaha o taku tinana ki te ārai atu i te mate taipō *A*. Auē! Ka riro anō i a au te *Twinrix* mō te wā tuarua, ā, ka utua anō e au tērā utu nui.

Arā anō ētahi atu mate nui kei Īnia me mōhio e te tangata tūruhi. Ko ētahi o ēnei ka kawea e te ngārara iti, e te waeroa. Ko ngā mea rongonui, ko te korara, te piwa kōwhai, ko te piwa *dengue*. He rongoā anō mō ēnei mea katoa, engari me āta rangahau te whānui o ēnei momo mate ki ngā wāhi e haere ana koe. I a au i Karakata

(*Calcutta*), i tētahi tau ka mōhio au ki ētahi ka pāngia e te piwa *dengue*, i toru, i whā marama kei te moenga e takoto ana. He tino kino te piwa *dengue* i ētahi wā.

He waimarie nōku, kāore au i te tino raruraru i ngā wā e ngaua ana au e te waeroa. I ngā wā ka haere au ki roto i te ngahere (o Aotearoa), ā, ka kaha puta mai te waeroa e ngaungau tāngata ana, he pukupuku whero e itiiti noa ana kei taku kiri i te rā tuatahi, he māka whero noa iho i te rā tuarua. Ko au pea tētahi kāore i te tino hiahiatia e te waeroa. Engari i te wā kei Īnia au, ka kuhungia taku tarau roa, taku tīhāte roa, aku tōkena e uwhiuwhi ana i te kiri o te waewae. I ngā wā katoa kei a au tonu te kirīmi karo i te waeroa.

He pārekareka ngā kai Īnia, ngā kai pūhahana ki a au. E whakapono ana au kua waia taku puku ki ēnei momo kai. He maha ngā tūruhi ka raru, ka māuiui ki ngā kai i Īnia. E kī ana ētahi ko tēnei ko te *Delhi belly*. Ko te wai kē te raru i ētahi wā, kaua ko te kai! Ka mea atu au ki ngā tāngata e haere ana ki Īnia kia kaha ki te kai i ngā kai Īnia i mua i tō haere ki reira kia taunga haere ai tō puku ki ēnei momo kai (kāore he rangahau hei tautoko i ēnei whakapae āku). Ki a au nei, ko te mea nui ko te inihua hei utu i ō nama mehemea ka tukua koe ki roto i te hōhipera. I ngā wā katoa, ka mauria e au ki roto i taku pēke he rongoā *Electrolyte*, he rongoā patu i te torohīhī (kohī rānei). Ka taea koe ki te hoko rongoā i ētahi o ngā tāone nunui o Īnia, engari he uaua te kitea ēnei momo toa kēmihi.

Te Rerenga

Ka haere au ki Īnia mā runga waka rererangi. Ki taku mōhio, ka taea te haere mā runga poti wai, engari he tere ake te waka rererangi. I tēnei wā tonu (2023) kāore e taea te kotahi atu i Aotearoa mā runga waka rererangi ki Īnia, me rere mā Hingapoa, mā Pangakoko, mā whea rānei. Ko ētahi ka rere mā Tūpae (*Dubai*), he roa ake tērā rerenga, he iti iho pea te utu.

Me whai kōkota (pane uruwhenua) i mua i te taenga atu ki Īnia. I tētahi wā o mua ka taea te whai kōkota i te wā ka tae ā-tinana atu, engari kua whakakorengia tērā momo urunga. Me whai kōkota i te Kāwanatanga o Īnia i te tuatahi. I ngā tau o mua noa atu, me tuku tō uruwhenua, ō pikitia me te pepa tono kōkota ki te Kōmihana Teitei o Īnia ki Pōneke, arā, me tuku mā te mēra, mā te kamupene karere. Kei ngā tau tata nei, ka tono kē mā te ipurangi, ka whakaurua tō pikitia, matihiko, ka utua mā te kāri pēke, ā, ka rua, ka toru, ka whā rānei ngā rangi, ka tae mai te īmēra me te whakaae, te korenga rānei i whakaae. Me tā e koe te pepa whakaae a Te Kāwanatanga o Īnia. Kia heke iho i te waka rererangi ka tukua te pepa whakaae me te uruwhenua ki ngā kaimahi i te taunga waka rererangi, māna tō uruwhenua e whakapane, māna tō tapumati (tapukara) e tā, ā, ka whakaurua ki te rorohiko. He nui ngā tūmomo kōkota mō te uru ki Īnia, he pai rawa atu te wāhi ipurangi a Te Kōmihana Teitei o Īnia, nō reira he ngāwari tēnei mahi ināianei. He rerekē tēnei tukanga ki ngā uri o Īnia.

Ko Hingapoa he wāhi pai ki a au. I ētahi wā he poto taku noho ki Hingapoa, (e toru, e whā hāora), ā, ka rere kau atu ki Īnia. I ētahi atu wā he rā, he wiki kē ki reira. He whenua iti a Hingapoa, he moutere, he tāone nui. Ko te rahi ko te moana o Taupō. He wāhi tūruhi tēnei, engari he nui te utu mō ngā mea katoa. He tino pai te taunga waka rererangi o Hingapoa (*Changi*), he pokapū mō ngā hāereerenga, ā, koia taku tino taunga waka rererangi o ngā taunga katoa i tae atu ai au. E whā ngā taunga i te wāhi kotahi, he rerewē i roto kia whakawhiti te tangata mai i tētahi taunga ki tētahi atu. He nui ngā toa, ngā wāhi kai, ngā mea tiaki i te kaitorotoro i a ia e tatari ana ki te rere ki wāhi kē atu.

I te wā e rere roa ana au kāore au mō te moe. Kia moe ai au me whātoro atu aku waewae, ā, ka whārōrō au ki taku taha. Nō reira kia tere ai te rere o te wā rere ka mātakitaki au i ngā kiriata. Ki te hōhā au ki tērā mahi, ka whakarongo au ki ngā waiata kei taku waea, kei taku iPapa rānei.

Ka mea mai tētahi o aku hoamahi ki a au, "Me kai pire moe, ā, ka moe, ka oho i te wā ka tau iho tō waka rererangi ki te taunga waka rererangi." Nā runga i tēnei tohutohu i tētahi rerenga ki Hingapoa ka hokona e au te pire moe mai i te kēmihi, ā, ka horomia e au. Engari kāore rawa au i te moe! I māuiui kē taku āhua. He moumou tāima tērā mahi ki a au, ā, kua hoki ki te mātaki kiriata i a au e rere ana.

He tino taonga aku purutaringa (pokitaringa, kawerongo rānei) karo i te hoihoi, ko te *Bose QuietComfort*

Q35 te momo (kua puta kē mai he *Bose* anō e pai ake ana i te mea kei a au). Ahakoa ka haere au ki whea ka mauria e au ngā purutaringa, ā, ka mau hei karo atu i te tangi o te waka rererangi. I kī mai ētahi o aku hoa ko ngā rererangi nui e hou katoa ana he iti iho te tangi waka rererangi, he pai ake nō te pēhanga kōhauhau ki roto i te waka rererangi. Nā runga i tēnei ehara i te mea he taumaha rawa ki te tinana. Mehemea he maha aku rerenga i ngā marama tata ka taunga, ka waia haere te tinana ki ēnei momo āhuatanga.

Ko ngā kamupene waka rererangi pai ki a au ko *Air New Zealand* me *Singapore Airlines*. He mema au nō te Karapu Koru, ā, nāku anō tēnei i utu (i ia tau, i ia tau) i pīkau, kia wātea au ki te uru ki ngā rūma noho kamupene waka rererangi ki reira whakatā ai, kai ai. I ētahi wā ka āhei au ki te neke ki tētahi nohoanga pai kē atu, nā ngā tapeke rerenga i whakautu.

Ko ōku kākahu rere waka rererangi he kākahu pai. Ko te hākete (tiakete) nō te hūtu, ko te tarau roa, ko tētahi hāte roa, he mea mau kara (arā, e uwhi ana i te kakī). He kākahu ōkawa ēnei (he pakeke au, ehara ahau i te rangatahi!). Ki ōku ake wheako ka tino kauanuanu ngā kaimahi waka rererangi, ngā kaimahi taunga waka rererangi ki te hunga e mau kākahu tau ana. Nō reira ko tāku ki ngā tāne, hei aha rawa te tarau poto mō te mahi hāereere haere, waiho mō te kāinga, mō tātahi rānei.

Ko aku pēke haerenga, he māmā, he kara atu i te pango (ko te nuinga o ngā pēke haerenga he pango), he rīpene karakara kei ngā kakau kia ngāwari te kimi i wā e kohi ana koe i tō pēke mai i te tātua pēke. I ētahi wā he pēke iti rawa atu mō roto i te waka rererangi, i ētahi atu wā he pēke āhua rahi ake anō mō roto i te waka rererangi. Nō te tau 2022 ka whakaurua he tūtohu hau (*AirTag*) ki roto i te pēke matua. Kāore au mō te hari i ngā kākahu maha, ka tukua aku kākahu kia horoia e ngā kaimahi o te hōtēra.

Ko taku tohutohu nui mō te rere ki tāwāhi, ko tēnei: me tae tōmua rawa atu ki te taunga waka rererangi, kaua rawa e tatari atu ki te meneti whakamutunga, kei tae atu ki te taunga waka rererangi kua kapi rawa atu ki ngā tāngata e rere ana, kei pakaru tō tekehī, kei paraha te wīra o tō tekehī, kei aha rānei, ka mahue koe i te waka rererangi e rere ana! He moumou moni tērā. Ā, kāti, ka anga atu au ki te kaupapa o te moni.

Ngā Moni

He nui ngā kōrero mō te moni. He ngāwari te whai i ngā moni Īnia i Aotearoa, i Īnia, i whea rānei. Ahakoa me hari kāri pēke (kāri nama, kāri taurewa) ki ngā hōtēra katoa i tēnei wā. He maha ngā mīhini tuku moni i ngā tāone nui o Īnia ināianei. Ko tāku ko te haere ki ngā toa whakawhitiwhiti moni i te Tiriti o Te Kuīni (Tāmaki Makaurau) ki reira whakawhiti ai.

Ko te ingoa o ngā moni o Īnia ko te rupī (*rupee* i te reo Pākehā). Ko ngā kapa ko te *paise* (*paisa* mō te mea kotahi), arā 100 *paise* ki te kotahi rupī. He tawhito rawa atu ngā tikanga kapa i Īnia. E ai ki ētahi, ka tīmata i te rautau tuaono (*6th Century BCE*). Ko te *anna* tētahi momo kapa o mua, kotahi te *anna* i te 6 *paise*, ko te 4 *anna* te 25 *paise*. Te āhua nei, ko ngā pakeke anake ka whakahua i te kupu *anna* i tēnei wā. He nui atu ngā kupu kei te ngutu tangata mō ngā momo kapa o Īnia. Nō te tau 2022, ka whakarewatia ko te *Digital Rupee* (e₹) o Īnia (*eINR*), engari kāore anō au kia whakamahi i tēnei momo moni.

He nui ngā kōrero tohutohu i ngā pira tāra o tēnā whenua, o tēnā whenua. I ngā rā o mua ko te whakaahua o te kuīni, ko te kīngi rānei o Ingarangi rānei ngā pikitia kei ngā kapa, kei ngā tāra o Aotearoa. I tēnei wā tonu kua huri kē ki ngā tāngata rongonui o konei, pērā i a Apirana Ngata rātou ko *Kate Sheppard*, ko *Edmund Hillary*, ko *Lord Rutherford*. Ki taku mōhio kua pērā i Ahitereiria, i whea rānei. Ko *Mahatma Ghandi* kei te nuinga o te pira Īnia me ngā wāhi tino rongonui. Ko ngā pira Īnia, he rerekē te rahi, he rerekē te kara. He reo *Hindi*, he reo Pākehā kei ngā pira.

Ko te tatau o ngā moni pepa ka whakaaetia kia haria ā-ringatia ki roto i Īnia, ko te *Rs* 25,000 (ko te *NZD* 489, ko te *US* 300 i tēnei wā tonu). Arā he *Rs* 51 ki te tāra kotahi o Aotearoa (*NZD* $1.00). He nui ngā taupānga waea, rorohiko rānei hei whakaatu i te rerekētanga o ngā momo moni puta noa i te ao, ko taku taupānga i tēnei wā ko te *Currency Pro*.

Ko ētahi o ngā kupu tatau ka kaha whakamahia i Īnia ko te *lakh* (L) लाख me te *crore* (cr) करोड़. Ko te *lakh* ko te 100,000, ko te *crore* ko te 10,000,000. Kāore i te tino kōrerotia te kotahi miriona. Ka rangona ēnei kupu i te wā e kōrero Pākehā ana ngā tāngata o Īnia. Ko ngā kaihoko, ko ngā taraiwa e mōhio kau ana ki ngā kupu Pākehā mō te tatau moni.

I te rā tua waru o te Noema i te tau 2016 ka tauākī te kāwanatanga o Īnia kia whakakorengia ngā pira *Rs* 500, *Rs* 1,000 (nō te momo *Mahatma Gandhi*), ā, ka whakaputaina he *Rs* 500 hou, he *Rs* 2000 hou. Kua raru au i te mea he nui noa atu aku pira pēnā kei aku ringaringa, kei te kāinga, ā, kāore i taea te whakawhitiwhiti ngā pira hou i Aotearoa nei. He waimarie nōku ka tae mai tētahi o ōku tino hoa nō Īnia ki Aotearoa, nāna i hari aku pira ki Īnia ki reira whakawhitiwhiti ai, ā, ka hoki au ki Īnia ka riro i a au ngā pira hou. Ko te tāke te take i pēnei ai te kāwanatanga o Īnia. Ka whakapae rātou mā tēnei mahi ka hopukina te hunga e karo ana i te utu tāke. Kāore i te tino whai hua tēnā mahi, e ai ki tāku i rongo ai.

Ko tā te ringa kamakama he raru nui i Īnia. He hāte roa tōku mō ngā haere nā te kamupene o *Kathmandu* i waihanga. E rua ngā pūkoro nui kei te poho o te hāte nei, ko tētahi kei te wāhanga o roto o te hāte e huna ana. Ka whakaurua aku moni me taku waea ki aua pūkoro, kaua ko ngā pūkoro o tōku tarau. Kia mutu taku mahi hokohoko, ka āta whakarite au i aku pira moni atu i te iti ki te nui i te hōtēra. Ki te rūma moe i tōku kāinga i Aotearoa nei, ka puritia he pira kotahi rupī i te toroa tata ki taku moenga hei tohu whakamaumahara i aku haerenga, i ōku hoa ki Īnia.

He nui tonu aku māharahara mō te whakamahi kāri pēke i Aotearoa, i whea rānei. I Aotearoa, ka whakaiti iho au i te tepenga o ngā moni kāri pēke e taea ana te mino mai i te pēke. Kia puta atu i Aotearoa, ka whakarahia te tepenga, ā, ka hoki mai, ka whakaitia anō tērā tepenga. Kia whakahoutia taku kāri pēke i ia rua tau, ka tonoa te pēke kia whakarerekētia katoatia te nama o taku kāri, kei puritia e tētahi hōtēra, e tētahi toa rānei. Mehemea he taupānga pēke kei tō waea, me whakamahi te ara o te motuhēhēnga tukarua (*2FA*). Me kaha rawa atu ō hiporete (ō kupuhipa, ō kupumuna rānei). Ko taku taupānga pai, ko te *1password* (e ai ki ētahi he pai ake te kīhipa (*passkey*) i te kupuhipa, ā, e anga pēnā ana i te tau 2024).

Ko tētahi ture, me kī, ka tuhia ki taku rae i ngā wā katoa, i ngā wāhi katoa, ko tēnei, "Kia kaua rawa e tuku moni ki te hunga inoi, ki te hunga patipati rānei." He uaua rawa te tautuhi i ngā mea nanakia, i ngā rawakore tūturu rānei. Ki te tuku moni te tūruhi, ka kaha whakahōhā atu ēnei tangata i ētahi tūruhi. E kore e taea te karo tēnei āhuatanga i Īnia, i wāhi kē atu. Me waha, me pīkau e koe. Ko tāku, ko te kore aro atu, ko te kore kōrero ki ēnei momo tāngata. I a au i tētahi kāreti tereina i te tonga o Īnia, ka kite au i tētahi wahine he kino rawa tana kanohi, he wetiweti rawa nō te whiunga o te waikawa. He kapu tāna i te ringa, he pānui kei tana uma i ngā reo e toru pea e whakamārama ana i te āhuatanga o ana nawe, o ana whakakinotanga. I tata ki te katoa o te hunga o Īnia ka tuku i tētahi kapa ki roto i te kapu o te wahine nei. Ka haere mai ia ki a au. Kīhai au i rerekē, i aha rānei. Ka mau tonu au ki taku whakatau nō te kore tuku moni. Koia anake te wā, kia kite au i te hunga o Īnia e tuku moni ana ki te hunga pōhara. I te wāhanga e whai ake nei ka huri au ki te kōrerorero mō te haere ki roto i Īnia.

Te Haerenga ki Roto i Īnia

Ko te hāereere haere ki roto i Īnia he mahi tino pai. He rongonui ngā tereina o Īnia, ngā rikitō (*rickshaws, tuktuks, auto-rickshaws, autos* rānei), ngā takihī (waka tono), ngā pahi e kikī rawa ana, ngā kararehe hari tangata hoki. Nā te nui o ngā momo waka me te iti o ngā rori pai me ngā rori whānui, he pōturi te haere i Īnia i te nuinga o te wā.

Ko te rikitō, ki taku mōhio, ka ahu mai i te whenua o Hapanihi. I mua ko te nuinga, e rua ngā wīra, ka tōia e te tangata e oma ana. Ko ētahi anō, e toru ngā wīra, arā, he momo paihikara (kia tika, he momo taraihikara kē). Tērā pea, ka mōhiotia tēnei momo rikitō ki te ao whānui nō te pikitia (kiriata) rongonui "Tāone o te Koa" (i ahu mai ai i te pukapuka a *Lapierre*, i te tau 1985). Ko te kaupapa o te pikitia, ko ngā raruraru o tētahi pirihi Pōrana, ko ngā toimahatanga o tētahi kaieke rikitō. Ināianei, he iti rawa ēnei momo rikitō i Īnia. Ko te nuinga ka whai mīhini.

Ko ētahi o ngā rikitō kei te tāone o Teri he rikitō hiko. Ko tōna tikanga me whai mita (hei mehua i te roa o te haerenga) ngā rikitō katoa, engari i ētahi wā, kāore i te kairikitō e hiahia ana ki te whakamahi i te mita. Kei ngā wāhi tūruhi ngā kairikitō tino tinihanga, nō reira me ako te utu tika, me kaha ki te tautohetohe mō te utu tika, me hari te moni tika mō te haerenga. He pai ake kia uru ki tētahi rikitō kei reira tētahi atu tangata. Ki te tautohetohe, kaua rawa e riri ki te kairikitō. He pai kē te kī atu i tō mōhio ki te utu tika. He tino taonga te manawanui i Īnia.

I a au i Teri, ka kuhu au ki ētahi rikitō, ki ētahi takihī, ā, ka haria au ki wāhi kē atu (ki tētahi toa i te nuinga o te wā), ā, ko tāku, he whakamahi i te mapi Kūkara (kei taku waea) kia mōhio ai au e ahu ana ki te ahunga tika. Ki te kore, ka whakatū au i te rikitō, ka utu au i a ia, ka kimi ai i tētahi atu rikitō anō me te tūmanako ka tūponc ki tētahi kairikitō pono, ka mahi rānei au i te waka hari Upera (*Uber*). Mā ēnei ara, ka tae atu ki te wāhi i hiahia ai ahau.

I ngā wā ka tae atu ki te taunga waka rererangi i Teri, ka hīkoi au ki te teihana tereina ki reira, ā, ka haere ki te pokapū o Teri mā te *Delhi Metro* (he *MRT Mass Rapid Transit*). He kāri *Delhi Metro* tāku, heoi anō, ko taku mahi ko te haere ki te mīhini kia kite i te oranga, i te tatau o te pūtea kei taua kāri. He rawe te *Delhi Metro* ki a au, engari ka kikī rawa i te ata, i te mutunga hoki o te mahi i te ahiahi.

He *MRT* i Karakata. Kāore anō au kia whakamahi i tērā *MRT*. He *MRT* kei ētahi atu o ngā tāone nui i Īnia. Ki taku mōhio, ko te nuinga o ēnei e rahi haere ana, arā, ngā rerewē, ngā teihana. Ka kaha whakamahi au i te *MRT* i Hingapoa, i te whenua hoki o Hapanihi. E ai ki ngā kōrero, he rawe ngā *MRT* i Haina. I tēnei wā tonu, e hangā ana te *City Rail Link, CRL*, i te pokapū o Tāmaki Makaurau, ā, hei te tau 2026 oti rawa ai. Ehara pea te *CRL* i te *MRT* tūturu, engari ka tino whai hua te *CRL* ki a mātou e noho ana ki Tāmaki Makaurau.

He kōrero anō tāku mō ngā takihī i Īnia. Kei ngā taunga waka rererangi nui, kei ngā teihana tereina nui, he wāhi kia tōmua te utu i te takihī, e kīia nei ko te *Prepaid Booth*. Nā ngā pirihimana ēnei wāhi i whakahaere. Ka kī atu koe ki te pirihimana i te wāhi (i te hōtēra rānei) e haere ana koe, ka whakatauria e ia te utu, ka utua e koe ki te moni tūturu, ka tukua e te pirihimana he pepa ki te rōpū takihī, he pepa anō ki a koe me ngā tohutohu ki te wāhi e tū ai ngā takihī, ā, ka kimi koe i tō takihī. He nui ngā wā e pēnei ana au. I ētahi wā, ka waea atu au ki tētahi o ōku hoa nō Īnia ki te āta whakamārama atu ki te taraiwa te wāhi e haere ana au. He nui ngā wā kāore te taraiwa i te mōhio ki te reo Pākehā, ā, ehara pea ia i te tangata nō tērā tāone, nō wāhi kē ia. E pēnei ana i Aotearoa nei, arā, nō whenua kē atu te nuinga o ngā taraiwa takihī. I Tāmaki nei, ko te nuinga o ngā taraiwa Upera nō Īnia!

I Īnia nei, he uaua rawa te karo i te taraiwa takihī kino (e pēnei ana a Tāmaki Makaurau!), engari ko ētahi anō he tino pai. Mehemea he poto noa taku haerenga, ka tonoa e au te rikitō. I ētahi wāhi, pērā i Karakata, kei ngā rori matua anake ngā rikitō, ka herea e ngā ture kia kaua e haere ki ngā tiriti kei ngā taha, nā reira me haere mā te takihī, mā te Upera, mā te *OLA Cabs* rānei. Ko te *OLA* he kamupene takihī e ōrite ana ki te Upera engari nō Īnia kē, nō *Bangalore* tēnei kamupene. Kua puta atu a *OLA* i Īnia ki Ahitereiria, ki Aotearoa, ki Ingarangi. He tino pai a *OLA* ki ōku hoa o Īnia.

I ētahi tāima, ka raru ngā takihī i te pirihimana. Nā, i tētahi wā ka noho au ki tētahi hōtēra i Karakata e tata ana ki te taunga waka rererangi. Ka kī mai ngā kaiwhakahaere o te hōtēra mā rātou taku takihī e whakarite, ā, ka whakaae au, ka kuhu au ki roto i te takihī. Ehara nō Karakata te taraiwa, ka mutu, he iti rawa tana reo Pākehā. Ka haere māua. He rangi pai, he pai ngā mea katoa, ā, kotahi hāora i muri mai, ka tae atu ki tētahi teihana pirihimana iti, ka tohu mai te pirihimana kia nuku te takihī ki te taha o te rori. Ka āta titiro te pirihimana ki a au (ka kitea he rāwaho ahau), ka pērā hoki ia ki te taraiwa (he rāwaho, te āhua nei nō *UP*, nō *Bihar* rānei). Ka ui mai te pirihimana ki a au (i te reo Pākehā) mō taku uruwhenua, ā, ka tukua e au ki a ia. Ka ui mai te pirihimana ki te taraiwa mō tana reihana takihī, ā, ka rapu haere te taraiwa i te takihī, engari kāore e kitea nō te mea kāore he reihana takihī i tēnei takihī, kua mau māua! Ka kī atu au ki te pirihimana, "Nā te hōtēra tēnei takihī i whakarite." Ka whakahoki mai te pirihimana "Nōu kē te hē i tō kore pātai atu ki te taraiwa mō ana pepa tika." I te whakaaro au ka tino raru au ināianei, kāore rawa au i te pīrangi ki tētahi whare herehere i Karakata hei nohonga mōku. Ka kōrerorero te pirihimana ki te taraiwa mō te wā roa, ā, ka kī mai te taraiwa ki a au, "He whaina, e 2000 *Rs* te utu, engari kāore āku moni!" Ka utua e au, ka tukua māua e te pirihimana kia haere, ā, ka tae atu ki te wāhi mahi o ōku hoa.

Ka whāki atu au i tēnei raru ki ōku hoa o Karakata. Ka kī mai ōku hoa, "Me whakapā atu ki te kaiwhakahaere o te hōtēra mō te moni whaina i ngaro ai i a koe." Ka waea atu, engari kāore he whakautu. Ka īmēra atu au ki te kaiwhakahaere me te kī, "Ki te kore e whakahokia aku moni ki a au, ka tukua he ripoata ki a *Tripadvisor*, ki whea rānei." E toru ngā rangi i muri mai ka īmēra mai te kaiwhakahaere me tana whakaae kia whakahokia mai aku moni, engari ka tukua ki tētahi pēke Īnia, ki taku ringa rānei. I tēnei wā, kei *Odisha* au e noho ana. Ka kōrero au ki ōku hoa o Karakata, nō te mea kāore au i te hoki atu ki Karakata i tēnei haerenga. Ka kī mai rātou ki a au ka riro mā tētahi o rātou te moni e tiki, ā, ka whakahokia mai ā te wā ka hoki au ki Karakata. Ka whakaae mai te kaiwhakahaere ki tērā whakatau. Ka tīkina ngā moni e tētahi kōtiro e noho tata ana ki te hōtēra. I tino whakamā ōku hoa i te mahi kino a te kaiwhakahaere hōtēra. Nāwai rā, nāwai rā, ka hoki au ki Karakata, ā, ka whakahokia mai ngā moni e tētahi o ōku hoa o Karakata. Kāore au i tono i ngā moni, ka mōhio tonu au kāore ngā moni i wareware i a rātou. Engari, nāna nei ngā moni Īnia i huri hei moni nō Aotearoa!

Ko te nuinga o ngā takihī Karakata he kōwhai te kara, he *Ambassador* hoki te momo. He ōrite pū ki te *Morris Oxford* o Ingarangi. Ka hangaia i *Hooghly* (he wāhi i Karakata) mai i te tau 1957 ki te 2014. He tīhara (hinuheu) te mīhini, nō reira he nui te parakino ka puta. Ko te parakino o ngā waka he raruraru i Īnia. Ko ngā taraiwa ka ōrite ngā kākahu, ka kōrero *Bangla* anake (te reo ake o taua rohe). He āhua rite ēnei motokā ki te tarakihana, he pōturi te haere, he hoihoi, engari kāore rawa e pakaru. I ngā wā o te ata i mua i te mahi, i te ahiahi rānei, arā, i te wā e kapi ana ngā rori i ngā waka, ka taraiwa mō te 50, mō te 100 mita, ā, ka tū, ka whakaweto i te mīhini, ka tatari, ka haere anō ai.

I tētahi tāima, ka kuhu ki roto i tētahi takihī kōwhai i Karakata me te kī, *"Airport"*, ā, ka whakaae mai te taraiwa. Ka kaha kōrero *Bangla* te taraiwa ki a au i te haerenga, ahakoa kāore au i te tino mārama ki tāna i kī ai (he mōhio kē ake au ki te reo o *Hindi*). Ka hipa te takiwā o te kotahi hāora me te hāwhe, ka tae atu ki te taunga waka rererangi. Kotahi taku pēke i taua haerenga, he pēke hari ki roto i te waka rererangi. Kei a au tētahi pātara kakara mō te pani ki te kanohi i muri mai i te heu. Ka tukua te utu me te pātara kakara ki te taraiwa (kāore e whakaaetia te hari te pātara ki roto i te waka rererangi). Ka rerekē rawa tana tirohanga ki a au! Tērā pea ka pōhēhē ia he tāne pīrangi tāne au. He roa rawa tana tirohanga ki a au, me taku whakapae ko te wā tuatahi tēnā ka riro i a ia he pātara kakara hei koha māna.

Ko Upera te takihī ka kaha whakamahia e au i ngā tāone nui ki Īnia. Kei Aotearoa nei ka tangohia te utu i tō kāri pēke. I Īnia, me utu ki te moni pepa, me hari te utu tika i ngā wā katoa, nā te mea kāore te nuinga o te taraiwa e pīrangi tuku i ngā toenga moni ki a koe. Ko ētahi o ngā hōtēra ka whakaritea he Upera mōu, he pai te utu. Ko ngā takihī nō ngā hōtēra, he nui te utu. I ētahi wā, kāore te taraiwa e hiahia haere ki te taunga waka rererangi, ki whea rānei. Nō reira, me kōrero ki te taraiwa i mua rawa i tō urunga ki te Upera. He nui ngā Upera tawhito, pakaru rānei. I uru au ki tētahi Upera, ā, ka pakaru te waka i runga i te huarahi matua. Kāore te taraiwa nei i paku mārama ki te reo Pākehā, ā, ka waea atu ki tētahi o ōku hoa o Karakata, nāna i kī atu ki te taraiwa kia whakaritea he waka anō mōku, kātahi ka pēnā ia. He waimarie ahau. Ki te raru au i a au i te Upera, i te aha rānei, ka waea atu au ki ōku hoa o Īnia kia āwhina i a au.

Kāore au e rīhi motokā, e rīhi motopaika hoki i Īnia. Ko te tikanga, ka taraiwa i te taha mauī o te rori pēnei i Aotearoa nei. He uaua kia mārama ki ngā ture mō te taraiwa; ka pōhēhē ētahi kāore kau he ture. He hoihoi rawa ngā rori o Īnia i ngā haona o ngā waka. Ki taku mōhio, ka whakamahi i te haona kia tohutohu atu ki ngā waka kei mua e whakatata ana tērā waka. Mehemea he waka nui atu, he waka tere atu i tōu ake waka, me nuku ki te taha kia pāhi tērā waka. He nui ngā aituā waka i Īnia, kua kite au i ngā aituā waka i a au i reira. Ko ngā waka harihari tūroro i Īnia, he tino iti, he tino whāiti kia ngāwari ai te haere ina kapi ngā rori i ngā waka.

He Tereina, he Tereina

He whenua tereina tēnei. Nā te hunga Piritene te rerewē (rerewhenua) i whakatū, ā, nā te hunga o Īnia te rerewē i whakatangatawhenua hei huarahi hāereere haere mō rātou. He rawe ngā ara tereina i Īnia. I ētahi wāhi, nā te kino o ngā huarahi, ko te tereina kē te waka pai hei hari i a koe ki aua wāhi. E ai ki ngā tatauranga, he nui ake i te kotahi miriona ngā kaimahi o te *Indian Railways*, nō reira he whakahaere nui!

Ko ētahi tūruhi, ka haere ki Īnia he eke tereina tā rātou mahi nui. Ko ētahi o ngā mea rongonui ko te *Toy Train* ki *Darjeeling* (*West Bengal*) ko te *Palace on Wheels*, ko te *Toy Train* ki *Shimla*, he nui noa atu (tirohia te wāhi ipurangi me te Ko te Tāne i te Nohonga Ono Tekau mā

Tahi). He pai ki a au te pukapuka a *Monisha Rajesh, Around India in 80 trains*. He pukapuka anō āna mō ngā haerenga mā runga tereina (*Rajesh*, 2019, 2022). He nui noa atu ngā pukapuka tereina i Īnia (mā te kaipānui anō e rapurapu ki te ipurangi).

I ngā tau o mua, ka hokohoko au i āku ake tīkiti tereina ki te ipurangi. I ngā tau tata nei, ka whakapā kē atu au ki tētahi kaiwhakarite haerenga i Īnia kia riro mā rātou e hoko, ā, ka utua rātou e au mā te *PayPal*, mā te kāri pēke, mā te aha atu rānei. He ngāwari ake tēnei, ka tūreiti te tereina, ka rerekē haere rānei ngā whakaritenga, ka tae atu te karere ki tō waea. He taupānga tereina anō, engari ā te wā e tata ana ki taku hokinga atu ki Īnia, ka pātai anō ki ōku hoa mō ngā taupānga pai, mō ngā whakaritenga pai rānei. I ētahi atu tāima, he tere ake te pahi pai i te tereina.

Ahakoa he pai ki ngā tāngata o Īnia ki ngā haerenga mā runga tereina e rua rā, e toru rā rānei te roa, kāore i te pai tēnā ki a au, ka rere kē au mā te waka rererangi. Ko ngā haerenga mā runga tereina, he pai ki a au mēnā ka toru, ka whā hāora rānei te roa, ā, kua pēnā au i Īnia. Ko aku haerenga roa mā runga tereina he haerenga ā-tira. Ko te pai o tēnei āhuatanga, ka wātea ētahi ki te moe, ki te tirotiro haere rānei, ka mutu, ko te mahi a tētahi tangata e oho tonu ana, ko te tiaki i ngā pēke.

Nā, he hui tāku i *Bhubaneswar* (*Odisha*). Ka whakatauria e au kia tae atu ki reira mā te tereina, i Karakata. I āhua whitu hāora te roa o te haerenga; he haerenga i te awatea. Kua whakaritea e au kia tae atu i te rā i mua mai i te tīmatatanga o te hui, nō reira kāore aku māharahara ka tūreiti te tereina. Ka wehe au i te atatū. Ko au anake i taku rūma noho o te kāreti i te tīmatanga. Ko tēnei tereina he *First AC (1A) sleeper class,* e whā ngā tūru, ka whakamahia hei moenga i te pō. E toru hāora i muri mai, ka tū te tereina ki tētahi teihana, ā, ka uru mai tētahi whānau (tokotoru) ki taku rūma. He tāne, he wahine me tā rāua kōtiro e haere ana ki *Hyderabad.* Nō *Jamshedpur (Jharkhand)* tēnei whānau. Ka pātai mai te tāne (i *Hindi*) "kei te tūru toru koe?" arā, i tēnei rūma. Ka kī atu au, "Āe" (i te reo Pākehā). Ka tīmata mātou ki te kōrerorero. Kua mōhio kē au ko tō whānau he kaupapa nui ki te hunga o Īnia, nō reira ka whakaatu au i ētahi pikitia o taku wahine me taku kōtiro. Ka mīharo te hunga o Īnia ki te pikitia o taku kōtiro nā te ōrite o tōna hanga ki ngā kōtiro o Īnia (e pēnei ana ētahi i Aotearoa nei). Ko te pātai a te tāne ki a au, "Karekau āu tama?" I te āta whakaaro au ki taku whakautu, ā, ka rere te whakautu i te hinengaro, "Ki a mātou i Aotearoa, kāore rawa he hē o roto i te korenga ōu e whai tama, he tino wāriu tō te kōtiro!" Heoi anō, kāore i te pērā taku whakahokinga kōrero atu. E 36 hāora te roa o tō rātou haerenga mai i *Jamshedpur* ki *Hyderabad,* he maha hoki ngā whakawhitiwhitinga tereina. Ka mauria e rātou he kai, ā, ka tohatohaina tā rātou kai ki a au. Te āhua nei, kua tau te hau kāinga ki ngā haerenga mā runga tereina e pēnei ana te roa.

He nui aku haerenga mā runga tereina i Karakata ki *Bolpur* (ka whakawhānui au i ngā kōrero mō *Bolpur* i tētahi upoko e whai ake nei). I āhua whā hāora te roa o tēnei haerenga. He *AC Executive Class (EC)* tēnei tereina.

He tēpu i waenganui i ngā tūru. Ahakoa ka haria e au he pepa wharepaku i taku pēke, kāore au mō te haere ki te wharepaku o te tereina ki reira mate ai! Ko te pai o ēnei momo tereina, he nui ngā kaihokohoko kai, kaihokohoko kākahu, kaihokohoko aha atu rānei, me ngā kaiwaiata koroua e waiata ana i ngā waiata tawhito o *Bangla*, ā, ko te koha iti te utu. I ētahi wā ka hoko pātara wai au, kāore i te hiahia ki ngā kai o te tereina. Kāore i te kī rawa ēnei tereina, nō reira ka kōrerorero ngā pāhihi tereina ki a au. Ko te nuinga o te wā, ko te pātai nui ko te, "E haere ana koe ki whea?" Nā, i tētahi haerenga ka kite au i tētahi tangata kaitā e noho ana i waenganui o te tereina, i tino ōrite tana āhua ki tō *Benny Hill* (ki te kaiwhakaari katakata nō Ingarangi kua mate). He pāhau pūhutihuti ōna, he mōwhiti tapawhā, mātotoru hoki ōna. He hāte hūtu ngahere tawhito tōna, he nui ngā pūkoro. Ko tana mahi he whakawhitiwhiti, he riwhiriwhi pira moni nō Īnia i tētahi pūkoro ki tētahi atu. Ka tīmata ia ki te kōrero ki ngā tāngata e noho tata ana ki a ia. He momo pūrākau pea te āhua o tana kōrero, engari kāore i taea e au te whai ana kōrero *Bangla*. He tangata menemene, engari ka maringi he pakupaku kai i ngā taha o tana waha i a ia e kōrero ana. Ka titiro haere te tangata nei, ka kitea e ia he nui ngā tāngata e whakarongo ana ki a ia, ā, ka kaha haere tana reo, ānō nei ko te kāreti katoa e āta whakarongo ana! Ka haere tonu tana kōrero me tana menemene nui! Koia nei ētahi o aku maumaharatanga mō aku haerenga tereina, ināianei ka huri au ki ngā rauemi mō te haerenga ki roto i Īnia.

Ngā Rauemi mō te Haerenga

Ināianei, ko te waea pūkoro te tino rauemi mō te haere ki Īnia, ki tāwāhi rānei. Me whakarite ngā taupānga haerenga, arā, ngā taupānga a ngā kamupene waka rererangi, ngā taupānga a ngā hōtēra, a ngā pēke, ngā taupānga tuihono mariko tūmataiti (*VPN*), ngā mapi, ngā īmēra, ngā aha atu hoki. I ngā tau ki muri, ka hokona e au he kāri raraunga whaiaro (*SIM*), engari kua tino heke te utu mō te tipitipi (roaming), ā, he hononga ahokore kei ngā hōtēra katoa, nō reira kua mutu taku hoko kāri raraunga whaiaro.

He hua tonu o roto i te pānui pukapuka, pērā i te *Lonely Planet India* (*Bindloss*, 2022), i *The Rough Guide to India* (*Rough Guides*, 2023) hoki. Ko te nuinga o ēnei kua puta hei ipukapuka. He nui anō ngā kōrero mō Īnia i ngā tūmomo pae pāhopori, engari ki a au, ko te nuinga he rūpahu noa iho nei. Kotahi te kaimahi pae pāhopori mō Īnia e mōhio ana au ko *Karl Edward Rice* (*Karl Rock*). He tangata nō Aotearoa ia kua mārena i tētahi wahine Īnia. He pai tana pae TiriAta o *Karl Rock* (he kaituhi te tangata nei, kāore i te pai ana tuhituhinga, engari he pai kē atu ana mahi TiriAta).

He rauemi hoki ō hoa nō Īnia kei Aotearoa e noho ana. Waihoki, ko ō hoa, ko ō whanaunga hoki kua taetae atu ki Īnia. He hua anō te hinengaro tuwhera, te pākiki, te pātaitai me te patapatai. Kei te pērā tonu te waiaro tika ki ngā āhuatanga hou, ā, me mōhio anō te tangata ki ngā whakatūpatotanga.

Ngā Hōtēra, ngā Wāhi Noho

He maha ngā hōtēra pai i Īnia, he maha hoki ngā whakatūpatotanga. Kei ngā tāone nui ngā momo, pērā i te *Hyatt*, i te *Novotel*, i te *Ibis*, i te aha atu, i te aha atu, arā, ngā mea e kitea ana i te ao whānui. He pai ēnei mea e kīia ana ko ngā hōtēra *e rima nei ngā whetū*. He tini hoki ngā hōtēra e kotahi nei te whetū, e rua nei rānei ngā whetū. He iti kē ngā hōtēra e toru nei, e whā nei rānei ngā whetū, nā te mea ko ngā hōtēra i waenganui, i hangaia mō te hapori waenga, he raruraru nui tēnei. Nā, ka kimikimi i te hōtēra i te pukapuka haerenga (*Lonely Planet*), mā te *Tripadvisor*, i te aha atu rānei. Ko tāku, ko te tono atu i ōku hoa o Īnia kia whakaritea e rātou he hōtēra mōku. Hei tāku, ko ngā mea nui ko ngā mea pai, nō te mea he wāhi kai, he rauemi pai kei aua tūmomo hōtēra. Me tūpato i te utu noho e pānuitia atu ana. I Aotearoa nei, ko te utu hōtēra e pānuitia ana, ko te utu whakamutunga. I Amerika, i Īnia, i wāhi kē atu rānei, ka tāpiritia e te hōtēra he tāke anō ki tō nama i te wā e utu ana koe i tō nohonga. Nō reira, me āta pātaitai atu mō ngā tāke katoa ka tāpiritia ki tō nama whakamutunga. Me āta uiui atu mō te wā e tika ana kia wehe, mō te wā o te whakapai i te rūma, mō te utu o te horoi kākahu hoki. He pai ngā hōtēra mō te whakarite waka kia tirotiro haere i ngā wāhi tūruhi, engari me utu anō koe i te taraiwa, i te aha atu rānei.

Ko tētahi hōtēra pai ki a au i Teri, ko te *Maidens Hotel*. Ka whakatūria i te tau 1903, ka whakamanahia hei *Heritage Hotel* i te tau 1994. He 'koroniara' te tāera o te hōtēra nei. Ko *Civil Lines* te wāhi o te hōtēra nei. He tata ki tētahi teihana *MRT*. Heoi anō, kāore ngā taraiwa takihī i te pai ki tēnei wāhi nā te kapi o ngā rori i ngā waka. Ko ngā rūma, he nui, he tino pai. He rawe te wāhi kai, he rawe hoki ngā kaimahi katoa i tēnei hōtēra, he kaha tā rātou āwhina. Ko te hōtēra nei kei tētahi tiriti o ngā tahataha, nō reira ehara i te wāhi hoihoi (he nui ngā hōtēra tata ki ngā rori matua e tino hoihoi ana i te ao, i te pō). He nui ngā tūruhi ka tae atu ki ēnei momo hōtēra e mau ana i te tarau poto, i te tīhāte kanukanu. Kāore rawa i te pai tēnā āhuatanga ki te hau kāinga.

I tētahi wā e haere ana au ki *Hyderabad*, ko te tāone nui o te rohe *Telangana*. Ka tae atu au ki waenganui i te pō, nō reira kua whakaritea e au he hōtēra tata ki te taunga waka rererangi, e pērā ana pea i te *Novotel*. Ka haere au ki ngā kaiwhakahaere o te hōtēra, ā, kua reri taku rūma. Ka pātai atu au mō te nama o taku rūma, ka riro i a au te kī, engari kāore i mau pai i a au te nama tika. Ka eke ki taku rūma, ā, ka huakina te raka o te tatau ki te kī, ka kuhu au ki roto, kātahi ka whakakāngia te raiti. Auē, i reira kē tētahi tāne e moe ana! Ka matika ia, ā, ka whakatata mai ki a au me te hāmama nui. E whakapono au ko tāna he kangakanga ki a au, engari kāore au i paku mārama ki tāna i tīwaha ai, nō te mea he reo kē tōna (ehara i te reo o *Hindi*, tērā pea ko *Telugu*, ko tētahi atu reo rānei o te tonga). Ka tīmata au ki te katakata me te tere hoki atu ki te hōro. Ahakoa aku whakapāha i te reo Pākehā ki a ia, kāore te rangimārie i te tau. Ka hoki au ki raro ki ngā kaiwhakahaere o te hōtēra, ā, ka whakamōhiotia au ki te nama tika o taku rūma.

Kua noho au ki ngā hōtēra i Īnia, kua noho hoki au ki ngā wāhi e kīia nei ko ngā 'whare manuwhiri' kei ngā whare wānanga, kei ngā whakahaere kāwanatanga. He pai ēnei 'whare manuwhiri', he iti noa iho te utu, he pai te kai, kei reira hoki ētahi 'manuwhiri' hei hoa kōrerorero mōu. Mā te hau kāinga kē ēnei e whakarite. E kore e taea te whakarite mā te ipurangi. Ko ētahi tāngata, ka hari i ā rātou ake raka mō te tatau; ko ētahi anō, ka hari i tētahi "puru" hei pupuri i te tatau kia kati rawatia mai i roto nā. E mōhio ana au ko ētahi o ngā wāhi pēnei, ka whakamahi i tētahi "huinga kī" mō ngā tatau, arā, ehara i te mea kotahi anake te kī mō ia tatau. Ka taea te huaki ngā tatau maha ki te kī kotahi! Ki te pēnei te wāhi noho, kāore rawa au mō te waiho i taku uruwhenua, i aku moni rānei ki roto i te wā e ngaro atu ana au. Ka kitea i ngā pae pāhopori he tūruhi e kaha whakahē ana i ngā wāhi noho e iti nei te utu ki Īnia. Ki a au, ki te pīrangi te tangata ki tētahi wāhi noho pai, utua te utu! Kei te wāhanga e whai ake nei ētahi kōrero, ētahi whakaaro mō ētahi o ngā wāhi tūruhi rongonui o Īnia.

Te Taj Mahal, i Agra

Ko tētahi whare maumaharatanga rongonui i Īnia, ko te *Taj Mahal* ki te tāone o *Agra*, i *Uttar Pradesh* (UP). Ko te *Pradesh* he kupu i ahu mai ai i te reo *Sanskrit* mō tētahi wāhi, mō tētahi roherohenga o te whenua. Ka whakamahia tēnei kupu ki whenua kē atu, ki Tairana, ki Rāoho, ki Kamupōtia, ki whea atu, ki whea atu. He maha ngā kupu *Sanskrit* ka kitea ki ngā reo o Āhia (hei muri ka whakawhānui i ngā kōrero mō te reo *Sanskrit*). Ko Uttar te nōta, engari ko *UP* noa iho te karanga a te hau kāinga. Ko *utara* te kupu mō te nōta ki te reo Marei (arā, ko *Bahasa Melayu*). Tērā pea, ka whakamahia anō ki ētahi atu o ngā reo o Āhia.

Ka tū te *Taj* ki te taha o te awa tapu e kīia nei ko *Yamuna*. Nā te emepara, nā *Mughal a Shah Jahan*, te *Taj* i hanga hei toma hei pupuri i te tūpāpaku o tana tino wahine, o *Mumtaz Mahal* (arā ake ko te *taz = taj*). Kei te *Taj* hoki a *Shah Jahan* e takoto ana ki te toma. Ka tuwhera tērā whare mīharo nei i te tau 1648. He roa ngā kōrero mō te *Taj* nei, nā reira ka waiho ake mā ngā pukapuka hītori e whakawhānui. E ai ki ētahi, ko tēnei tētahi o ngā mea tino mīharo e whitu o te ao katoa. He tika tērā kōrero ki a au.

E hia miriona manuwhiri ka tae atu ki te *Taj* i te tau kotahi! Me tae tōmua atu kei muia e te tini me te mano. Ka katia ā ngā Paraire, ā te wā o ngā karakia Ihirama. He nui ake te utu mō te manuwhiri rāwaho i te manuwhiri hau kāinga. E pēnei ana te nuinga o ngā wāhi tūruhi i Īnia. Ko te tikanga hoki, e toru hāora noa iho te wā ki ngā manuhiri ki roto i te *Taj*. Kua taetae atu ngā tino rangatira, ngā kīngi me ngā kuīni o te ao ki te *Taj*. Ki ētahi, kei te pakaru haere te *Taj* i te nui o ngā manuwhiri, i te kino o te hau i puta mai ai i ngā momo waka, i te aha atu rānei e pātata ana ki te *Taj*. He maha ngā wāhi tūruhi e pēnei ana i te ao. He nui hoki ngā hōtēra puta noa i Īnia kua tapaina ko te *Taj Mahal*.

Ko ētahi ka tae atu ki Teri, ā, ka haere ki *Agra*, ka haere ai ki *Jaipur*, kātahi ka hoki ki Teri i ngā rangi e rua, e toru rānei. Ka kīia tēnei ko te 'Haerenga i te Tapatoru Kōura'. He nui ngā kamupene tūruhi e whakarite ana i ngā haerenga e pērā ana. Kua rongo au ka haere mai ētahi ki Tāmaki Makaurau, ā, ka haere ki Rotorua, ki Waitomo, ka hoki ai ki Tāmaki (i te rā kotahi), kātahi ka rere atu ki tāwāhi. Mehemea he poto rawa te wā, he painga i roto i ēnei momo haerenga. Engari he nui ake a Īnia i ērā wāhi e toru. He nui ake ngā hua o Aotearoa, i ērā o Tāmaki, o Rotorua, o Waitomo hoki.

Me whāki atu au i tēnei wā tonu kāore anō au kia tae atu ki *Agra*. He nui ngā wā kei Teri au e noho ana, he wāhi tēnei tata ki *Agra*, engari kāore rawa ōku tino hiahia ki te haere ki reira. Ehara au i te tangata e tino aro ana ki ngā hanganga mīharo, ki ngā whare mīharo. Ki a au, me āta kite koe i ngā taonga ki tōu ake whenua i mua i te putanga atu ki tāwāhi. He tika, me tae atu te hau kāinga ki te *Taj* i mua rawa i te hunga rāwaho (pēnei i a au nei!). Heoi anō, ka tae ki te wā ka kī mai ōku hoa i Teri, "Me haere tātou ki *Agra*", ā, ka haere au. Ko *Aurangabad*, arā, ko *Chhatrapati Sambhaji Nagar*, he tāone nui, he tāone rongonui i te rohe *Maharashtra*. He wāhi tūruhi anō tēnei. He temepara, he pā, he ana, he toma, he kāri, he aha atu hoki kei reira. Ki ētahi, he pai ake tēnei i a *Agra* hei wāhi tirohanga mō te kaihōpara. I ngā wāhanga e whai ake nei, ka kōrerotia ngā tāone nunui e toru o Īnia: ko Teri, ko Mumupai, ko Karakata.

Ko Teri (Delhi), he Tāone mō te Ao Katoa

He tino tāone a Teri ki a au. Koia te wāhi tino pai katoa o Īnia ki a au. Ko tēnei te tāone kāwanatanga, te tāone pāremata, arā, te tāone matua. Ko Īnia. Ko tana ingoa tika, ko *New Delhi*, nō te mea ko *Old Delhi* he wāhanga iti nō te tāone. I te reo *Hindi* (te reo matua o te raki) ka kī kē ko *Dillī* (दिल्ली), nō reira kia whakamino mai i te reo *Hindi*, ko "Tirī" pea e tika ake ana i te "Teri" hei ingoa Māori mō te tāone whakahirahira nei.

Ko Teri he mekahīti (*megacity*). Kei te takiwā o te 18 miriona ngā tāngata i te rohe o Teri, he nui anō ngā paenoho o te tāone. Ko ētahi wāhi o Teri he tino hou, he ōrite ki ngā tāone nui, arā, he whare noho teitei, ā, he pakihi ētahi whare teitei, he whare hokohoko ētahi whare teitei, he aha atu, he aha atu. Ko ētahi o ngā paenoho o te tāone nei, he tawhito rawa, ā, ka nōhia e te tangata mai i te wā o te *Mahabharata* (he tuhituhinga roa rawa ki roto i te reo *Sanskrit*), arā, kua roa ake i rua mano tau ki muri. Ka tū te tāone i ngā taha o te awa tapu e kīia nei ko *Yamuna*.

He nui ngā momo iwi i Teri. Kua taetae atu i ngā tōpito o Īnia ki te mahi, ki te whai i te mātauranga, ki te amuamu rānei ki te kāwanatanga. He nui ngā iwi nō ngā whenua tata ki Īnia, pērā i a Tipete (*Tibet*), i a Nepōra (*Nepal*), i ngā whenua o te "Rāwhiti Waenga." He nui hoki ngā whakapono i Teri. He nui ngā momo temepara, ngā whare kōrana, ngā whare tapu hoki nō whakapono kē. I ētahi wā, ka tutūria te puehu, ā, ka whawhai ngā whakapono. Ko te otinga, he whare kua tahuna, he rahi kua mate. Kāore ngā pirihimana i te tino kaha ki te aukati i ēnei momo mahi kino.

Ko te mātauranga he mea nui i Teri. He nui ngā whare wānanga. Ko *Delhi University* te mea rongonui, he nui ana kāreti, he rua ngā papa ako matua, kotahi i te raki o tāone, kotahi i te tonga o tāone. Kua neke atu i te 100,000 ngā tauira i te whare wānanga rā (ko te nuinga o ngā whare wānanga i Īnia, he iti noa). He maha ngā wā kua tae atu au ki te papa ako o te raki i tētahi paenoho e tata ana ki *Civil Lines* (i waimarie au i te tata ki tētahi teihana *MRT*).

Ko te paenoho o Teri tino pai ki a au, ko *Chandi Chowk*. He wāhi tawhito e tata ana ki te teihana o Teri Tawhito (kei te taha rāwhiti ko te Pā Whero (*Red Fort*), ko tētahi o ngā wāhi rongonui o Teri). Ko *Chandi Chowk* he mākete nui, he rongonui hoki mō te hokohoko rau kikini. He nui ngā whare tawhito rawa, nā te whāiti o ētahi o ngā rori, kāore e taea e te motokā te kuhu ki tēnei wāhi. Ki a au, kāore kau he wāhi i kō atu i tēnei i te ao katoa mō ngā kai i ngā tiriti. Ki te hiahia te kaipānui ki tētahi kaiārahi pai, kāore he tangata i tua atu i a *Anubhav Sapra (Delhi Food Walks)*. Kia mōhio mai koutou, ka rerekē ngā kai i ia pekanga o te tau. Ko ētahi o ngā kaihoko i ngā momo pūrini, i ngā momo kai reka ka haere atu ki *Chandi Chowk* i ngā pā iti i waho o Teri, i te hōtoke anake (ka wera haere ngā rangi, ka rewa ēnei momo kai). I ngā wā katoa e haere atu ai au ki Teri, ka haere au ki *Chandi Chowk*, ki reira kai ai (me tūpato, he *Chandi Chowk* anō kei ētahi atu wāhi o Īnia). Ka hoki tonu atu ana au ki Tāmaki Makaurau ka tū taku ihu i ngā kai Īnia o konei, he rerekē rawa nō te tāwara i ngā kai ake o Īnia. Me whāki au i tēnei wā tonu (2023), ko wāhi pai i Tāmaki Makaurau mō ngā kai Īnia kei Kirikiriroa kē, arā, ko te *Dhaba on Highway*.

Kua tae atu au ki Teri i ngā kaupeka katoa o te tau. Ka makariri a Teri i te hōtoke, ka wera i te raumati, ka mākū i te wā o te haumātakataka (arā, te ua nui). Ko te wā kino rawa, ko te wā o te parakino nui. He kino rawa tēnei āhuatanga. Kia rua tekau meneti te roa o tō noho ki roto i tēnei āhuatanga, ka hua ake te maremare, te wharowharo, te whakapoto i ngā rā o tōu ao ki runga o Papatūānuku. Ka aroha nui au ki ngā tāngata o Teri kāore nei e taea e rātou te karo ēnei momo āhuatanga kino. Ko te wai ora tētahi anō o ngā āwangawanga nui ki ngā tāngata o Teri (ki te nuinga o Īnia), nō reira i te wā ka pau haere ngā wai, me tae atu ngā wai mā runga taraka. Ko te korenga o te hiko tētahi whakaanipātanga anō mō ētahi wāhanga o Teri.

Kua hau te rongo ki te ao whānui mō ngā mahi tūkino ki ngā wāhine i Teri. Kāore e kore ka pēnei anō i ētahi atu wāhi o Īnia. Te āhua nei, ko ngā wāhine o Teri ko ngā mea kaha ki te tautohetohe, ki te porotēhi hoki kia tiakina ngā wāhine, kia whakatinanatia ngā ture o te tiaki i ngā wāhine, kia kōkiritia hoki te mana wahine. Ko ētahi o ngā kāreti o *Delhi Metro*, kua wehewehe hei nohonga mō ngā wāhine anake. Ehara pea i te wahine te raruraru, ko ngā tāne kē te mate nui. Ki a au, ko te mātauranga kē te huarahi hei whakatikatika i ngā waiaro hē, i ngā whanonga hē.

Ehara au i te tangata pai mō ngā mahi hokohoko. I a

au i Teri, i tētahi atu wāhi o Īnia ka inoi atu au ki ōku hoa kia riro mā rātou au e hari ki ngā toa pai. Me tautohetohe koe kua whakatauria te utu o tētahi mea, me ako kē i ngā utu tika. I ētahi wā, ka waiho mā ōku hoa tērā mahi. I te nuinga o te wā, ka hoko kākahu au mō ngā wāhine i tōku kāinga, he kāmeta, he momo hōro (hikurere), he aha rānei. Ko ētahi o ngā toa kākahu nā te kāwanatanga i whakatū, kua tau kē ngā utu, kāore kau he take mō te tautohetohe. He pai kē ēnei wāhi ki a au.

Nā, he nui ngā makimaki iti i Teri. Kei te āhua mataku au ki ēnei makimaki ina hiahia kai ēnei kararehe. Hāunga rā te tāhae kai, ka whakahōhā ngā makimaki i ngā tāngata e moe ana ki te tuanui o te whare i te wā e wera rawa ana. E ai ki ētahi, he nui ngā momo mate kei te makimaki. He tapu ēnei kararehe ki te hau kāinga. Ki taku titiro, he iti ngā makimaki i Mumupai, i Karakata. He kurī kei ngā wāhi katoa o Īnia, engari kāore anō au kia kite i ērā kurī e whakararu ana i te hunga e hīkoi ana. E mōhio ana te ao ki te tino tapu o te kau ki ngā tāngata o Īnia. Kitea ai tērā āhuatanga i ngā wāhi katoa o Īnia.

He maha noa atu ngā mahi pai, ngā mahi tūruhi i Teri. Pānuitia ngā pukapuka e whai ake nei, rangahaua rānei i te ipurangi; heoi anō, kāore he painga i te hoa, i te kaiārahi pai rānei nō taua wāhi tonu.

Ko ngā pukapuka mō Teri (ko Teri rānei te wāhi o te pukapuka) i pānuitia ai e au, ko te *City of Djinns* nā *William Dalrymple*, ko *Delhi Nā Heart: Impressions of a Pakistani Traveller* nā *Raza Rumi*, ko *Midnight's Children* nā *Salman Rushdie*, ko *White Tiger* nā *Aravind Adiga* hoki. Ko ētahi atu kāore anō kia pānuitia e au (ka whai hua ki ngā arotakenga) *ko Delhi: A Novel* nā *Khushwant Singh*, ko *Delhi: Adventures in a Megacity* nā *Sam Miller*, ko *Capital: A Portrait of Twenty First Century Delhi* nā *Rana Dasgupta*, ko *Clear Light of Day* nā *Anita Desai*, ko *Delirious Delhi* nā *Dave Prager* hoki. Me tūpato i ngā pukapuka e āhua tawhito ana, nō te tekau tau kē atu ki muri. Ka ahu whakarunga ināianei, ki te uru, ki Mumupai.

Ko Mumupai (Mumbai, Bombay), ko te tāone nui katoa

Ko *Bombay* te wāhi tuatahi i tae atu ai au i waho o Aotearoa. I tērā wā, i te tau 1986, kāore i rangona te kupu o *Mumbai*, ko te *Bombay* anake. I ngā tau tata nei he nui ngā ingoa tāone, ngā ingoa tiriti nā te hunga Peretānia i tapa, kua hoki kē ki ngā ingoa tūturu o te hau kāinga, ki tā te hau kāinga whakahua rānei. Ko te rangatahi te hunga kaha ki te whakamahi i ngā ingoa hou.

Ko te ingoa o Mumupai ka ahu mai i te reo *Marathi* (te reo ake o te rohe o *Maharashtra*). Kei te takutai a Mumupai, he taunga waka kei reira, he wāhi hī ika i ngā tau o mua. Ka kīia he mekahīti a Mumupai, e nuku atu ana i te 12 miriona tāngata e noho ana ki reira. He wāhi rongonui mō te mahi moni, mō ngā mahi pakihi me ngā mahi ngahau. Ko te pokapū o *Bollywood* tēnei, he wāhi waihanga pikitia (kiriata). He nui hoki ngā tāngata o Īnia whānui kua haere atu ki Mumupai mahi ai, noho ai.

Ka maumahara au ki te wā tuatahi ka tae au ki Mumupai. E heke iho ana te waka rererangi ki te tauranga waka rererangi o Mumupai, kātahi ka rongo au i tētahi haunga rerekē rawa atu. Ka pātai atu au ki tētahi o aku hoa, "He aha tērā rongo?" Kātahi ka taka te kapa. Ko te rongo tērā o te tāone nui. Ka tāria te wā ka waia rawa au ki tērā rongo, me kī, kāore i te rongo i te haunga rā.

Kei Mumupai tētahi wāhi hawa nui (*slum*) e kīia nei ko *Dharavi*, kotahi miriona tāngata e noho ana i te 2.4 kiromita pūrua. Ki ētahi, ko tēnei pea te wāhi hawa nui o te ao. Kua tae atu au ki reira, ā, me whai kaiārahi kia haumaru tō haerenga ki roto rā. I taku taenga tuatahitanga atu ki reira, e noho ana mātou ko ōku hoa ki tētahi hōtēra e tata ana ki te rori matua. Ka puta atu au ki te taha o te tiriti ki te kite i ngā mea mīharo e pahi ana. Ka kite au i tētahi e eke arewhana ana, i tētahi atu e taraiwa motokā *Mercedes* ana. Koia nei a Īnia: ko te ao tawhito, ko te ao hou hoki e noho tahi ana i te wāhi kotahi.

Ko tētahi atu wāhi rongonui o Mumupai i tae atu ai au i ngā tau tata nei, ko te taha moana o *Juhu*. Kāore au i te kauhoe ki roto i te moana nā taku āwangawanga nui ki ngā parakino. He puna kauhoe kei taku hōtēra. He rerekē rawa te kara o te wai, engari ehara tēnei i te raruraru ki ētahi atu e noho ana ki te hōtēra. Ko taku tino parakuihi kei reira, ko te omareta kikini. Ka tonoa te kuki e au kia maha rawa atu te hirikakā. Ka pēnei anō au i ētahi atu hōtēra i Īnia.

Ko ngā pukapuka pai mō Mumupai i pānuitia ai e au, ko *Behind the Beautiful Forevers* nā *Katherine Boo*, ko *Maximum City: Bombay Lost and Found* nā *Suketu Mehta*, ko *A Fine Balance, Family Matters* nā *Rohinton Mistry*, ko

Shantaram nā *Gregory David Roberts*, ko *Q & A* nā *Vikas Swarup* hoki. Ko ētahi atu kei taku rārangi pukapuka (arā, kāore anō kia pānuitia e au) ko *The Blue Bar, The Blue Monsoon* nā *Damyanti Biswas*, ko *Sacred Games* nā *Vikram Chandra*, ko *The Widows of Malabar Hill* nā *Sujata Massey*, ko *Murder in Old Bombay* nā *Nev March*, ko *Chronicle of a Corpse Bearer* nā *Cyrus Mistry* (te teina o *Rohinton Mistry*), ko *Such Big Dreams* nā *Reema Patel*, ko *Castaway Mountain* nā *Saumya Roy*, ko *The Space Between Us* nā *Thrity Umrigar* hoki.

Me whāki atu au i konei, kāore au i te tino mōhio ki tēnei tāone whakahirahira, ki a Mumupai. He iti ngā wā kua noho ki reira. Ki taku kitenga, ko tēnei pea te wāhi o Īnia katoa kua tino 'whakarātōngia', arā, e ōrite ana ki ngā tāone o te rātō (o te uru). Heoi anō, ki ōku hoa katoa i Īnia, he wāhi tino mīharo rawa atu a Mumupai. Kia hoki anō au ki reira noho ai, ka rerekē haere pea tōku tirohanga. Ka huri kē au ināianei ki te rāwhiti, ki a Karakata.

Ko Karakata (Calcutta, Kolkata), ko te Tāone o te Koa

Ko Karakata te tuatoru o ngā tāone o Īnia mō te tokomaha o ngā tāngata e noho ana ki reira. Koia te tāone matua o te hunga Piritene i ngā tau 1772 ki te 1911 (i muri mai, ko Teri te tāone matua). E ai ki ētahi, i ahu mai te ingoa i te kupu *Bangla 'Kalikata'*. Arā anō atu ngā whakamārama mō te takenga o te ingoa nei. Ko *Kolkata* he ingoa hou, e tata kē atu ana ki tā te hau kāinga whakahua. Ki a au, he pai ake a 'Kōkata' i a Karakata hei ingoa Māori mō te wāhi nei. Kei te taha o te awa te tāone e kīia nei ko te *Hooghly* (*Hugli*), nō reira he wāpu nui.

He mea hanga a Karakata tāone e te hunga Piritene, ā, ka tipu hei mekahīti. He nui te hunga whai rawa, he iti te hunga waenganui, he rahi anō te hunga rawa kore. He rongonui a Karakata mō ngā mahi toi, mō ngā mahi whakaari, mō ngā mahi ngahau, mō ngā mahi wero hoki i te hinengaro. He maha hoki ngā momo whare pai. Ahakoa ko te hunga *Bangla* (*Bengali* rānei) te hau kāinga, he nui ngā tāngata nō ngā pito katoa o Īnia, he maha ake nō ngā wāhi kei te taha rāwhiti-mā-raki. I ngā tau o mua, he nui nō tāwāhi, engari e iti haere ana aua tūmomo tāngata ināianei.

He rongonui pea a Karakata i te uru mō ngā take e toru. Ko te "rua pango", ka tahi. Ko te pikitia o "Te Tāone o te Koa", ka rua. Ka toru, ko ngā mahi a te none Katorika rongonui, a Whaea Terehia. Ko te rua pango he rūma whare herehere iti rawa atu i te pā o *Fort William*. Ka tukua e te rangatira o *Bengal* ngā mauherehere Piritene i te pō o te 20 o Hune, 1756, ki reira hēmanawa ai, mate ai. Ahakoa ēnei āhuatanga kino, he nui ngā painga o tēnei tāone. He nui ngā tāngata whakahoahoa, he rawe te kai o tēnei rohe (he nui ngā kai mīti), he maha hoki ngā mahi toi, ngā waiata tawhito, ngā kanikani, ngā whakaari, ngā aha atu, ngā aha atu.

Me whāki au i te tuatahi, kāore au i te tino pai ki te tāone nei, nāwai rā, nāwai rā, ka waia haere ki te wāhi nei, ā, kua rerekē ōku whakaaro. Kia pono au, nā ōku hoa nō tēnei tāone ake ōku whakaaro i rerekē ai. I ngā wā kei te pokapū o te tāone nei au, kei *Newmarket* (ngā wāhi tūruhi), he nui ngā tāngata tinihanga e whakahōhā ana i ngā tūruhi, engari i a au i te tonga o tāone, kāore i te paku pērā.

I Karakata, he rerekē rawa taku āhua i tō te hau kāinga, arā, he tāroaroa au, he roa ōku ringaringa, he porohewa, he āhua mā hoki taku kiri. Ka tere kitea e rātou he rāwaho au. Kāore i pēnei i Teri, nā te nui o ngā tāngata tāroaroa, ngā tāngata hoki e āhua mā ana te kiri. I ētahi wā i Teri, ka pōhēhē ētahi nō reira hoki au.

Tokomaha ōku hoa tata kei Karakata e noho ana. E waimarie ana au i a rātou. Nā rātou anō au i hari ki ngā wāhi kai, ki ngā wharekai, ki ngā tūmomo toa, ki ngā hokomaha, ki ngā wāhi akoranga, ki ngā wāhi pai hoki ki a rātou. Ka whai pukapuka pānui au i a rātou. He kōrerorero pea, he wānanga pea hoki tā mātou tino mahi. I ngā rā katoa o taku noho i Karakata, ka whakaritea he wā hīkoi haere i taku nohonga, ā, ki te wera haere te rangi, ka Upera atu au ki taku wāhi noho. He nui aku nohonga ki tētahi hōtēra i te tonga o Karakata. Kua mōhio haere au ki te kaiwhakahaere o te hōtēra, ā, ka kapu tī tahi māua. Ka mōhio hoki au ki ngā kaimahi o te hōtēra, ka mutu, kei te pai haere taku mārama ki te reo *Bangla*. Ko ētahi o ōku hoa o Karakata, i neke i te rāwhiti-mā-raki, i ngā wāhi i rāhuitia ai te rāwaho nā te pakanga ki te kāwanatanga, ki tētahi atu iwi rānei.

I a au i ngā tāone pēnei i a Karakata, ka ngana au ki te whai i ngā tikanga kai o te hau kāinga. He iti ngā kai mō te parakuihi, he iti anō i te rā nui, ā, ko te kai nui, ko te kai o te pō. Ka inu tī mātou ko ōku hoa (ka inu kawhe au i te hōtoke ki Aotearoa). Kāore au i te inu waipiro i Īnia. Engari, ka kite ana au i tētahi hoa e hoko waipiro ana, ka uru atu au kia kitea ai ngā momo waipiro o reira. Ko te nuinga, ka hoko atu i ngā waina o Ahitereiria. Kāore kau tētahi waina nō Aotearoa i reira. Kāore au i te momo ka kai i te hikareti, i te tarukino, i te aha atu rānei.

Nā, ka haere au ki *Barkat Ali*, he kaituitui kākahu rongonui kei reira e hoko kākahu ana. I te wā tuatahi ka tae atu au, ka kī mai te kaiwhakahaere ki a au, "He roa rawa ō ringaringa mō ngā hāte roa o te toa nei." He tika tēnā kī, nā reira, nā rātou anō ētahi hāte roa i waihanga e hāngai ana ki ōku ake inenga. He iti te utu o ngā hāte nei. Mau tonu ai au i ērā hāte roa. E ai ki taku rongo, he kaituitui kākahu pai, he hūmeka pai i Teri, i ētahi wāhi hoki o Īnia, engari he iti noa iho ki Karakata. Kāore au i te mau kākahu nō Īnia ake, he pai kē ōku ake kākahu. Ehara au i te tangata pai mō te mahi hokohoko.

He hoa tōku i Tāmaki Makaurau, he rōia kua rītaia. I ētahi wā ka hīkoi māua (mātou ko te kāhui hīkoi) ki roto i ngā ngahere o Aotearoa. Ko tētahi o ana mahi, he hanga whare, he whakatikatika whare rānei. Kāore ōna tohu, kāore hoki ia i whakangungua kia hanga whare. Te āhua nei, nāna anō ia i ako ki tērā. I haere ia ki Karakata, ki reira hanga ai i tētahi whare. Ki tōku mōhio, ko tāna he āwhina i tētahi rōpū pērā i a *Habitat for Humanity*. Ehara i te mea he kūare te hau kāinga ki te hanga i te whare pai mō rātou anō. Ki a au, he pai ake pea te whakangungu i ētahi kāmura, i ētahi kaihanga whare hoki nō te hau kāinga. Me tuku he moni ki ērā kaupapa, tē haere kē ai ki reira hangā ai he whare mō rātou! Ki a au nei, ko te iti o ngā whare noho pai i Aotearoa nei he raruraru nui mai rā anō. He iti ngā whare pai, he nui hoki te utu mō te hanga i te whare noho pai, ehara pea a Aotearoa i te tauira pai o te hanga i te whare mō Īnia.

He hoa anō tōku. He mihingare rongonui ia mō te whakatō i te hāhi Karaitiana ki roto i ngā wāhi hawa o ngā tāone nui o te ao, pērā i a Manira i ngā moutere o Piripīni. I ngā tau o mua, ka whakaritea e ia he rōpū kia haere ki tētahi wāhi hawa o Karakata ki reira noho ai. Ka tae atu taua rōpū (ki taku mōhio nō Aotearoa te nuinga) ki Karakata. Kāore rawa i tau te noho a te rōpū rā, ka māuiui rawa ētahi, ka pōrangi haere tētahi, ka raru anō tētahi, ka kino haere ngā mea katoa. Ka marara te rōpū, ā, ka hokihoki riwhariwha atu ki ō rātou ake kāinga. He kaituhituhi te tangata nei, engari ka kī mai ki a au, "Nā te tino mamaetanga o te noho ki Karakata, kāore anō ia kia tuhituhi mō tērā nohonga ki reira." Ki a ia, he wāhi taumaha rawa a Karakata, engari kāore au i te whakaae, ā, e āwangawanga tonu ana au mō ngā rāwaho ka pīrangi ki te whakaora i te hau kāinga o Karakata, o Īnia rānei. Ka anga atu au ki ngā pukapuka mō Karakata.

Ko ngā pukapuka mō Karakata i pānuitia ai e au, ko te *City of Joy* nā *Dominique Lapierre*, ko *The Lives of Others* nā *Neel Mukherjee*, ko *Calcutta Exile, a Novel* nā *Bunny Suraiya*, ko *The Anarchy* nā *William Dalrymple*, ko *Pearl by the river* nā *Sudipta Mitra* hoki. Ko ētahi atu ka pīrangi au ki te pānui, ko *The Bengalis: A Portrait of a Community* nā *Sudeep Chakravarti*, ko *The Epic City: The World on the Streets of Calcutta* nā *Kushanava Choudhury*, ko *The Middleman* nā *Sankar (Mani Shankar Mukherjee)*, ko *First*

Promise nā *Ashapurna Devi*, ko *Afternoon Raag* nā *Amit Chaudhuri*, ko *The Calcutta Chromosome: A Novel of Fevers, Delirium & Discovery, Sea of Poppies* nā *Amitav Ghosh*, ko *Calcutta: A Cultural and Literary History* nā *Krishna Dutta* hoki. Kāore e kore he nui ngā pukapuka pai anō mō Karakata.

I ētahi rā, ka haere au ki ngā toa pukapuka iti i tērā atu taha o te tiriti e hāngai atu ana (ko *College Street* pea) ki a *Presidency University* i Karakata (ko *Presidency College* te ingoa i ngā tau o mua; he *Presidency College* anō i ētahi atu wāhi o Īnia). I waimarie au. Ko taku kaiārahi he kaitā pukapuka nō reira; he 'pēne takitahi', me kī. Ka mīharo rawa atu au ki te nui ngā toa iti e kikī pai ana i te pukapuka. Ko ngā kaihokohoko pukapuka nei ehara i ngā tāngata whai rawa, engari e aroha nui ana rātou ki te pukapuka, ki te pānui pukapuka hoki. Ka kī mai rātou ki a au, he iti iho te utu whakaputa pukapuka ā-tā i Īnia. Ki taku mōhio, ko ētahi o ngā pukapuka nei, he mea whakawhitiwhiti ki te reo *Bangla*, ahakoa kāore rātou i te whai mana tika i ngā kamupene whakaputa ki te mahi i tērā mahi nei. Ko te mākete here kore tēnei e timo ora ana. Ko te tūmanako, ka mau tonu ēnei momo toa i Īnia.

He taramu (taramukā rānei) tonu i Karakata. Arā ngā momo kāreti tereina ka whai hiko i te hono ki te waea hiko i runga nei. Ka pēnā i te tereina, ka noho te taramu ki te rerewē i te rori. He tino whāiti ēnei, he tawhito rawa, he pōturi hoki te haere. He āhua iti te kōtuitui taramu i Karakata. E ai ki taku rongo, i te tau 1873 ka whakatūria te taramu tuatahi ki Karakata. Ko te pai o te taramu, ko te parakino kore. Ka hiahia te kāwanatanga ki te whakaiti i ngā rerewē taramu ki Karakata. Ki taku mōhio, kāore te kāwanatanga o Karakata i te whakawhānui, i te whakapai rānei i te *MRT* ki Karakata. Nō reira, ko te haerenga ki roto i Karakata he haerenga pōturi, he haerenga pūhoi hoki. I te tau 1956, ka mutu te haerenga taramu i Tāmaki Makaurau nei.

Me pēwhea au e whakarāpopoto ai i aku kōrero mō Karakata? He mekahīti, he tikanga anō, he kai anō, he painga anō, ā, he wāhi toi, he wāhi tuhituhinga. Ko te mea whakahirahira kē ki a au i reira, ko ōku hoa tata e noho ana. Nā rātou au i manaaki, i tiaki. Mā reira ka kitea te hua o 'Te Tāone o te Koa' nei. Ka hoki anō au ki te raki hei whakapuaki i taku mahi tūruhi ki tētahi tāone tapu e kīia nei ko *Rishikesh*.

Ko Rishikesh, he Tāone i te Himalaya

Ko *Rishikesh* he tāone tata ki *Dehradun* i te pae maunga o te Himareia (*Himalaya*). He tāone ka kaha tauria atu e ngā manene huhua nō te whakapono Hinerū. He huarahi ki ētahi atu wāhi tapu ō te rohe nei. He tāone tēnei kei te taha o te awa o Kanihi (*Ganges*). He nui ngā temepara, ngā whare punanga (*ashram*) kei reira (ko te whare punanga nei, he nohonga mō tētahi rōpū whakapono me ō rātou kūru; i ngā tau o mua ka noho wehewehe ēnei momo whare, engari kei ngā tāone te nuinga ināianei). E mōhiotia whānuitia ana i te tau 1968, ka tae mai te rōpū waiata o *The Beatles* ki tētahi whare punanga nei ki te ako ki te whakaaio wahangū i te wairua *(transcendental meditation)* i raro iho i te kūru e kīia nei ko *Maharishi*

Mahesh Yogi. Ka tae atu ētahi atu tāngata rongonui nō te uru ki reira ako ai. He poto tā rātou noho katoa, ā, ka hokihoki atu ki ō rātou ake kāinga.

Nā, ka haere au ki Teri ki tētahi hui. E toru aku rā e wātea ana, ā, ka whakatau au kia haere ki *Haridvar*, ka peka atu ki *Rishikesh*. Ka whakaritea e au he tereina i Teri ki *Haridvar*. Ka moe au ki tētahi hōtēra i *Haridvar,* ā, ka haere atu ki *Rishikesh*. I te rā muri mai, ka hoki atu au ki *Haridvar* moe anō ai ki reira. I te rā tuatoru, ka hoki mā te tereina ki Teri. He haerenga tūruhi tēnei nāku, kāore au i te mōhio ki tētahi tangata i *Haridvar*, i *Rishikesh* rānei. Ka taea e te tangata te haere i Teri ki *Rishikesh* mā te motokā i te rā kotahi, engari ka hiahia au ki tētahi haerenga tino ngāwari. He tāone tapu a *Haridvar* ki te hunga Hinerū, he nui ngā temepara. Kāore i te whakaaetia te kai mīti, te inu waipiro i tēnei wāhi.

I Teri, i nui ngā tāngata autaia e whakahōhā ana au i ia rā, i ia rā. Kei *Haridvar*, kei *Rishikesh*, kāore rawa he tangata kotahi e whakapā mai ana ki a au. Ko te katoa o ngā tāngata, he rawe, ā, ka whakautu rātou i aku pātaitai. Kāore au i peka atu ki ngā temepara, ki ngā whare tapu. Ka haere au ki te taha o te awa o Kanihi i *Haridvar*, he wāhi *ghat* (he momo taunga, he momo wāhi kaukau, he momo arawhata i ngā tahataha o te awa, ka heke iho ki te kārewa (ki te mata) o te wai). Ka mātakitaki au i te hunga Hinerū e kaukau ana, e karakia ana, e inoi ana i te wai (i te taha rānei o te wai). Kāore au mō te tango whakaahua i reira, nō te mea he mahi tapu rawa tērā ki a rātou. Ko te tini me te mano o te tāngata e mahi ana tērā momo mahi, wahine mai, tāne mai. Ka hāereere au, he nui ngā piriti whakawhitiwhiti i te awa, he nui ngā huarahi hīkoi. Ka tae atu au ki tētahi tauranga pahi. Nā te nui o ngā pahi, ka mōhio kē au ehara nō konei te nuinga o ngā tāngata, he manene nō ētahi atu wāhi o Īnia, he tangata o Īnia nō tāwāhi rānei. Ka whakatata au ki te awa o Kanihi, ki taku tirohanga he āhua parahua te wai. Kīhai au i pā atu ki te wai, kei hara au ki te hau kāinga.

I te rā ka haere au ki *Rishikesh*, ka kai parakuihi au i tētahi wāhi kai i *Haridvar*, he pātara wai iti i a au mō te rā katoa. Ka haere au ki *Rishikesh* mā tētahi momo rikitō nui, ki taku mōhio, ko te *Vikram*. Tokowaru pea ngā pāhihi i roto (he iti te utu). Kotahi hāora te roa kia tae atu ki *Rishikesh*. Te kikino rawa o te rori! I ētahi wāhi, he tere ake te haere mā raro (ko te tūmanako kua pai haere te rori ināianei). Nā, ka tae au ki *Rishikesh*. E ono, e whitu pea ngā hāora te roa o taku hīkoi haere i te tāone nei. He tāone mīharo ki a au, ehara i te tāone nui. Nā, ka whakatau au kia hīkoi ki te whare punanga i noho ai te rōpū o ngā *Beatles* i ngā tau o mua. Ka mōhio kē au i ngā tau i muri mai ka kati te whare punanga nei, ā, ka haere ngā tāngata kūru ki whare punanga kē atu. Ka whakawhiti au i te awa o Kanihi mā tētahi piriti mōrere. Ka hīkoi iho au ki te whare punanga nei i waho atu i te tāone o *Rishikesh*. He roa tēnei hīkoi, he wera te rā. Tae rawa atu au ki te kēti o te whare punanga, kei reira ngā tūtei e tono ana i te utu nui kia hou atu ki roto rā. Ka whakaaro au ki te moumou moni ki te kite i ngā whare pakaru, i ngā whare e horohoro iho ana. Nā, ka hoki tonu atu au ki *Haridvar*.

Ko te haerenga nei, he tauira nō āku ake mahi tūruhi,

mahi tirotiro haere hoki i te whenua o Īnia. He maha noa atu ngā wāhi pēnei, arā, he wāhi pai mō te tūruhi nei puta noa atu i Īnia. Ki ōku ake wheako, ka tino whai hua te āta haere, te noho hoki ki tētahi wāhi mō ngā rā maha, te pānui pukapuka hoki i mua i tō taenga atu. He haerenga takitahi tēnei, he rerekē anō ki te haerenga takitini. I ngā wā ka tae atu au ki Īnia, kei ngā mekahīti au i te nuinga o te wā. Ka tino whai hua te haere atu ki ēnei momo tāone. Nā, ka huri anō au ki te rāwhiti, ki te whenua o Pākaratēhi.

Ko Pākaratēhi (Bangladesh),
Te Whenua o te Hunga Bangla

Nā, ka haere au ki Pākaratēhi (*Bangladesh*) i te tau 2011. He hui whare wānanga tāku i Teri, nā reira ka rere au ki Pangakoko (*Bangkok*), ā, atu i Pangakoko ki Taka (*Dhaka*), ka mutu i Taka, ka rere anō atu ai ki Teri. Ko te take o tēnei haerenga, ko te tūtaki ā-tinana ki tētahi kōtiro nāku nei ia i tautāwhi mā te rōpū e kīia nei ko *World Vision*. Ko te mahi a kaitautāwhi, ko te tukutuku pūtea i ia tau, i ia tau, hei utu i te noho ā-kura, i te rongoā ārai mate, i te aha atu rānei. He āwangawanga ōku ehara pea tēnei i te huarahi pai katoa hei āwhina i te rawa kore pērā i te kōtiro rā.

Kia whakawhiwhia au ki te kōkota o Pākaratēhi, ka tukua taku uruwhenua ki Poipiripi (Marepana, *Melbourne*) i Ahitereiria (Kāore e kore he rerekē tēnei tukanga ināianei). Nā, ka whakaae mai a *World Vision*, ka tuku au i aku taipitopito ki te rōpū pirihimana o Aotearoa. Ka tutuki ēnei whakaritenga, ka whakaritea e

World Vision taku haerenga ki Pākaratēhi; ko tāku noa, ko te utu i te rerenga, i te noho hōtēra, i aua momo mea.

Ka tae au ki Taka i Pākaratēhi, ko te mahi tuatahi, ko te whakawhitiwhiti moni ki te taka, te momo moni o te whenua nei. Kei waho i te taunga waka rererangi tētahi takihī e tatari ana kia haria au ki taku hōtēra i te pokapū o te tāone nui. Kua wareware i a au te ingoa o tērā hōtēra, engari he wāhi pai, he rawe te kai, kua tino kikī i ngā tāngata rāwaho.

I te rā tuarua, ka haere māua ko tētahi kaimahi o *World Vision* ki te kite i te kōtiro ka tautāwhitia e au i tōna ake kāinga, he pā iti, e āhua 40 kiromita ana te tawhiti ki te raki o Taka. Ahakoa he poto te haerenga (mā te rere o te manu), i tata ki te toru hāora kia tae atu māua. Nā, ka tūtaki au ki te kōtiro me te katoa o tana whānau. Ko tō rātou reo kōrerorero, he *Bangla* anake. Nā te kaimahi o *World Vision* ngā kōrerorero i whakawhitiwhiti. Kua haria e au he pikitia o taku whānau, ā, he rawe ēnei pikitia ki a rātou. He taiohi te kōtiro nei, he whakamā, kāore he nui ana kōrero. Ka haere mātou katoa ki te wāhi noho o te rōpū o *World Vision*, ki reira kai ai. Ka waiata te hau kāinga i ā rātou waiata, ā, ka mihi au ki a rātou katoa i te reo Māori, i te reo Pākehā. I te ahiahi rā anō, ka hoki māua ki Taka.

Ka tāpuia e au ngā rā e rua hei rā tirotiro haere i te tāone nei (me kī, he mekahīti anō tēnei), ka whakaritea e *World Vision* he kaiārahi hei hari i a au ki ngā wāhi pai o te tāone nei. Kāore au i te mōhio ko te rā nei, arā, te 21 o Pēpuere, ko te rā o te reo whaea o te ao (*international mother language day*), he rā hararei, he rā motuhake ki te hau kāinga. I te tau 1952, ka whakaritea e ngā tauira o Te Whare Wānanga o *Dhaka* he porotēhi nui kia whakamanatia te reo *Bangla* (i tērā wā, ko te ingoa o te whenua, ko *East Pakistan,* ā, ko *Urdu* kē te reo ā-motu o te whenua). Ka haere atu ngā pirihimana, ā, ka pakō ngā pū, tokorima i mate, i rau kē ngā taotū. I muri mai, ka whakaae mai te kāwanatanga ki te reo *Bangla* hei reo ā-motu. I tēnei wā, ka whakanuia tēnei rā hei rā reo whaea o te ao (*international mother language day*) e ngā iwi taketake o te ao, e ētahi hoki o tātou i Aotearoa nei.

I taua wā he nui ngā rikitō taraihikara i Taka. Ko te mea mīharo ki a au, he waea pūkoro tā ngā kairikitō katoa, koia ētahi o ngā tāngata pōhara katoa o te tāone nei. I pai taku tirotiro haere i Taka, hei tāku he ōrite te wāhi nei ki a Penekara *(Bengal)* i Īnia.

Ka hoki mai au ki Aotearoa, he nui tonu aku āwangawanga mō ngā mahi a *World Vision* ki Pākaratēhi, ki whea rānei. Ki taku kitenga, he nui te pūtea hei whakahaere i ēnei momo mahi. Kia pau te pūtea a *World Vision*, ka tere hinga ēnei momo hōtaka. Ka tīmata au ki te pānui i ngā tuhituhinga ohaoha o te rawa kore, pērā i a *Easterley* (2021) (e ai ki tēnei pukapuka, ko te nuinga o ngā mahi tuku moni ki ngā whenua pōhara he moumou tāima, kāore i te whai hua), i a *Banerjee & Duflo* (2011, 2019), i a *MacAskill* (2015, 2022) hoki. I te otinga, kua mutu taku tuku pūtea ki a *World Vision*, ki a wai rānei. Kāore au i te kī he hē te tuku moni ki ngā rōpū pērā i a *World Vision*; heoi anō, e mea ana au kia rangahaua ngā hua o te mahi āwhina i mua i te tuku pūtea atu.

Kotahi anake taku haerenga ki te whenua o

Pākaratēhi. Te āhua nei kāore au e hoki atu. He pōuri te rongo i tēnei wā tonu e takatakahi ana te kāwanatanga o Pākaratēhi i ngā tikanga manapori, i ngā mōtika hoki o te tangata. Kei ngā momo kawe pūrongo o te ao te roanga ake o ngā kōrero mō te kaupapa nei.

Te Reo

Ko te reo tētahi mea nui katoa o te ao. Ko te nuinga o
ngā tāngata (e tata ana ki te katoa, hāunga te hunga e
tino kino ana ōna mate hinengaro) ka hopu i tētahi (i
ētahi rānei) reo i a rātou e tupu haere ana. Ko ētahi, ka
ako i tētahi reo anō i te kura, i waho rānei i te kura. Ko
ētahi anō ka ako, i tētahi reo hou i a rātou e pakeke haere
ana (ko au tēnā); ko ētahi kē, ka ako i ētahi atu reo. Ka
ahu mai tō reo (ō reo rānei) i ngā hua o te horopaki o tō
whakatupuranga (arā, ko ngā reo i tō kāinga, i tō hapori),
i tō whakatau rānei ki te whai i tētahi reo.

Ko te rangahau i te reo, i ngā āhuatanga hoki o te reo,
ka kīia ko te mātauranga wetereo, ko te mātai reo
(ringikuihi ki ētahi). Ko te hunga rangahau i te reo, ko
ngā tohunga wetereo. Ko ngā pukapuka mātauranga reo
pai hei pānuitanga mā te kaipānui ko *Fromkin, Rodman,
& Hyams* (2021), ko *Genetti* (2018) ko *Yule* (2023), ā, ko tā
Harlow (2007) mō te mātauranga reo o te reo Māori. Ko

au anō tētahi o ēnei tūmomo tāngata (rapua āku ake whakaputanga tuhituhinga i te ipurangi).

Ko ētahi o ngā tino pātai mātauranga reo e ārahi ana i aku rangahau i ngā ngahurutanga tau kua pahure, ko ēnei e whai ake nei. He aha ngā take e whakarērea ai e tētahi tangata, e tētahi iwi tana reo? Ka pēwhea tā tātou whakarerekē haere i te reo Māori? Ka pēwhea tā tātou whakaora i te reo Māori, i tētahi reo taketake, i tētahi reo tokoiti rānei? He aha ngā waiaro o te tangata ki te reo? He aha ngā hua o te reoruatanga, o te reomahatanga rānei? I te wāhanga e whai ake, ka kōrerotia ōku ake reo.

Ko Aku Reo

Ko te reo Pākehā o Aotearoa taku reo tuatahi. Ka ako au i ētahi kupu Māori i a au e tipu ana. Ki taku mōhio, ko taku tau tuatahi ki te kura tuarua, ko te tau tuatahi i āhei te tauira o taua kura ki te ako i te reo Māori. E rua ngā whiriwhiringa ki ngā tauira o te tau tuatahi: ko te reo Māori, ko te reo Wīwī rānei. Nā, ka kī mai taku tuakana ki a au, "Hei aha te reo Wīwī. He kino rawa!" (te āhua nei he koretake te kaiako). Engari, kua kī rawa atu te karaehe reo Māori, ahakoa i iti ngā tauira Māori i taua kura. Ko te kaiako, ko tētahi wahine Pākehā. He rawe ia, kāore pea i te ora ināianei. Kāore e taea e au te ako te reo Māori i ngā tau kura i muri mai. Nō te tau 1987, ka hūnuku au ki Tāmaki Makaurau ki reira mahi ai, noho ai. I whakatau mārika au me ako te reo Māori. Ko te take nui, ko taku whānau whānui (i te taha o tōku whaea) e kōrero Māori ana kei Tāmaki Makaurau, kei Kirikiriroa rānei e noho ana. Arā, kua whai horopaki au, ā, ko ētahi o rātou he kaiako reo Māori.

Kia pono au, nāku anō au i ako te reo Māori. Ka pānui pukapuka au, ā, ka whakarongo au ki te reo Māori, ka haere au ki ngā wānanga rumaki reo Māori, pērā i te Wānanga o Tuakau ki Waikato (nā Whitu Aupouri o Ngāti Porou tēnei wānanga i whakatū), ka haere au ki ngā hui, ki ngā wāhi katoa kei reira ētahi tāngata e kōrero Māori ana. I kī au, he waimarie ahau, he kaiako reo Māori ētahi o aku whāea, nā reira he puna reo rāua, ā, nā rāua anō aku patapatai maha i whakautu. He nui anō hoki aku whanaunga, aku kaihana e mōhio ana ki te kōrero i te reo Māori. Ki ētahi o ngā pakeke Māori, he mahi taumaha rawa te ako i te reo Māori. Kāore rawa i te pērā ki a au. Ko taku whakapae, ko te tautoko a taku whānau whānui (he whānau Māori tūturu) te take, ā, ka noho nama au ki a rātou mō ake tonu atu. Ka aroha au ki te hunga kāore ōna hapori reo Māori e ako ana i te reo Māori.

Ka mārena au ki tētahi wahine nō Ngāti Porou i te tau 1994. He kaiako taku wahine. I tēnei wā tonu e whakaako ana ia i tētahi kararehe reorua ki tētahi kura tuatahi i te pokapū o Tāmaki Makaurau. Ko ōna mātua he tino matatau ki te reo Māori, engari kāore i kaha kōrero Māori ki ngā tamariki i a rātou e tupu ana. Nā, ka pātai atu au ki taku hungawai (ki te kōkā o taku wahine) mō te mahi patu tamariki kōrero Māori i tana kura i Horoera (he *Native School* tēnā, kua kati ināianei). Ka kī mai ia ki a au, ahakoa kāore i te whakaaetia te reo Māori ki te kura, ka kōrero Māori tonu ētahi o ngā tamariki ki a rātou anō i waho i te karaehe, i te whare paku rānei. Ka mau tonu te reo Māori i a rātou. I a ia e ora ana, kua hoki anō taku hungawai ki te kōrero Māori ki ētahi o ana mokopuna, ki a māua hoki ko taku wahine. Kua tata ngaro katoa te reanga o taku hungawai.

Nō te tau 2005, ka whānau mai tā māua huatahi, he kōtiro. Ka kōrero Māori anake au ki a ia i te wā e nohinohi ana ia, ā, kua tupu ia hei tamaiti reorua. He māmā rawa atu te whakatupu i tētahi tamaiti reorua. I tukua ia ki te kōhanga reo, ki te karaehe rumaki reo Māori i te kura tuatahi, i te kura takawaenga, ā, ki te karaehe reo Pākehā i te kura tuarua. I te tau 2023, e whai ana ia i tana tohu paetahi i te whare wānanga o Tāmaki Makaurau (i Waipapa Taumata Rau). I ētahi wā, ka kōrero Māori māua ko taku kōtiro, i ētahi wā anō ka kōrero Pākehā māua. E mōhio ana taku kōtiro ina tūtaki ia ki ana pakeke, me whai tō rātou reo, arā, ka kōrero Māori atu ana te pakeke, me whakahoki Māori atu ki a rātou. Ka mauria e au taku kōtiro ki tana marae, ki Pūrekireki Wīwī marae i Pirongia mō ngā hui ā-tau, mō ngā hui a te whānau, mō mea hui, mō mea hui. I ētahi wā, kāore ia i pīrangi ki te haere, engari ka mauria tonutia e au. He waimarie mātou, i te mea he iti iho i te rua hāora te roa atu i tō mātou kāinga ki te marae rā, nō reira ehara tērā i te haerenga nui. Ki te hoki mātou ki ō mātou marae ki Ngāti Porou, kotahi te rā kia tae atu ki reira, ā, kotahi te rā kia hoki mai.

Kāore au i te ako i tētahi reo Ūropi. I a au e whai ana i taku tohu paetahi (*BA*) i te Whare Wānanga o Waikato, ka kī mai ngā kaiako mātauranga reo ki a mātou ngā tauira, "Kua huri te ao, he pai kē kia ako ngā tauira i ngā āhuatanga o ngā reo o Te Moana-nui-a-Kiwa, o Ahitereiria rānei." Nā reira, ka pērā mātou.

Nā, i ngā tau o mua, he nui ngā rōpū tauira nō Mareia ka taetae mai ki taku whare wānanga ki te ako i te mahi kaiako. I te whakaako au i ētahi o ngā rōpū, ā, i te wā hararei, ka noho mai ētahi o rātou hei kaiāwhina rangahau māku. He rawe noa atu ēnei tauira, ā, ka whakatau au ki te ako i te reo Marei. Ka kī mai ngā tauira he tino ngāwari te reo Marei. Āe, ko te whakahua, ko te hanga kupu, kāore i te tino taumaha. Ko te whakatakoto i te rerenga kōrero ngāwari, he māmā. Ko te mea uaua o te reo Marei, he reo taikorohia (*diglossic*). Ko te tikanga o te taikorohia, e rua kē ngā momo reo Marei, ko te reo ōpaki, arā, ko te reo kōrerorero i kāinga i te tiriti, i whea rānei, ā, ko te reo ōkawa te reo i te kura, i te kāwanatanga, i ngā niupepa, i te ao pāpāho, i whea ake rānei. Nō reira, me ako te rerenga ōpaki, te rerenga ōkawa hoki. Ki te pīrangi koe ki te kōrero ki ngā tāngata, me whakamahi te reo ōpaki. Ko te pai o te ako i reo Marei, he nui ngā rauemi pai hei āwhina i a koe ki te ako i tēnei reo. He nui hoki ngā rauemi pae pāhopori. Engari me whai hoa kōrerorero. Ka taea mā te ipurangi me ngā taupānga pērā i te *italki*. Nā, i te reo Marei ōpaki, he nui ngā kupu, ngā kīanga Pākehā e whakamahia ana.

Ko te kupu kōrero ka whakamahia mō te reo Marei, ko *Bahasa Melayu* (*Malay, Malaysia* rānei). Ka ahu mai te kupu *Bahasa* i te kupu *Sanskrit 'bhāṣā'* (भाषा) (ko te ṣ he /sh/). Ka kaha whakamahia tēnei kupu hei reo i ngā reo puta noa i Āhia ki te Tonga, ko te *bahasa, bhasa, basa, phasa* rānei. He nui anō ngā āhuatanga o Īnia kua horahorahia ki te rohe o Āhia i ngā rautau nō mua noa atu, arā, ko te reo, ko te momo tuhituhi, ko te whakapono, ko ngā tikanga hangarau, ko te ahurea, ko te aha atu, ko te aha atu.

Ko te reo Marei, he reo nō te reo whānau nunui e kīia nei ko te *Austronesian*, pēnei i te reo Māori. Ki te kaute i te reo Marei i te tahi ki te tekau, e pēnei ana: *satu, dua, tiga, empat, lima, enam, tujuh, lapan, sembilan, sepuluh.* Ko koutou e mārama ana ki te rerekē haere o ngā whānau reo *Austronesian*, tērā pea ka kite i ngā kupu e rima e āhua ōrite ana ki ngā kupu Māori, arā, i ahu mai i te reo kotahi i te manotau, i mua noa atu rānei.

He nui ngā momo reo ā-iwi, reo ā-rohe hoki o te reo Marei. Ko ētahi o ēnei, he rerekē rawa ki te reo ā-motu o ngā wāhi pērā i te tāone matua o Mareia, i a *Kuala Lumpur* (KL). He tata te reo Marei ki te reo e kīia nei ko te reo Initonīhia (*Indonesian*). He kupu reo Marei i ahu mai i te reo *Sanskrit*, i te reo Ārapi, i te reo Potukara, i te reo Pākehā nei. He nui ngā kupu Initonīhia i ahu mai i te reo Tatimana.

Ka tuhia te reo Marei ki te tuhituhinga Rōmana, pēnei i te reo Māori. He tūmomo tuhituhinga anō tō te Marei e kīia nei ko te *Jawi*. Ka ahu mai te *Jawi* i te reo Ārapi, engari kua tāpiri atu i ētahi reta mō ngā tangi Marei kāore i te reo Ārapi. Ka tuhituhia te *Jawi* i te taha mauī ki te taha matau, engari ko te reo Ārapi ka tuhia i te taha matau ki te taha mauī. I mua i te taenga atu o te hunga Ihirama, ka tuhia te reo Marei ki tētahi tūmomo tuhinga nō te tonga o Īnia. E pēnā ana ētahi atu reo o te rohe rā. Kāore au i te mōhio ki aua momo tuhituhinga, ā, kāore he paku hiahia i roto i a au ki te ako i aua momo tuhituhinga.

Ka whakarongo au ki reo Marei i ia rā, i ia rā. Ko ētahi mea o te reo Marei, ka tino maumahara au; ko ētahi atu mea, ka wareware haere i a au. Kia tino whakapakari au i taku reo Marei, me haere au ki Mareia, ki reira noho ai mō te wā roa. I ngā tau o te mate Korona (mate Kowheori rānei, 2020-2022) ka tino heke iho aku reo (hāunga rā te reo Māori me te reo Pākehā). Ka whakapae au ko te kore kōrerorero ki te tangata te tino raruraru nei. Nā tēnei, ka mārama au ki ngā tāngata o Aotearoa e whawhai ana ki te ako i te reo Māori mēnā kāore kau ō rātou whanaunga kōrero Māori, ō rātou hoa mahi, ō rātou hoa kōrero Māori rānei. Ka kōrero au mō taku ako i ētahi reo Īnia i tētahi wāhanga ā muri mai i tēnei.

Ngā Reo o Īnia

He whenua nui a Īnia; he tini ngā reo. Kāore au i te tino mōhio ki te tatau tika o ngā reo, he maha ngā whakapae, he iti ngā raraunga whai hua. E ai ki ngā whakapae whai mana, he nui ake i te 200. Ko te nuinga, he reo nō te whānau reo *Indo-Aryan* (e tata ana pea ki te 80 ōrau o ngā kaikōrero). Ko te whānau reo *Dravidian* te rōpū tuarua (19 ōrau), ā, ko whānau reo *Austroasiatic*, ko te whānau reo *Sino-Tibetan*, ko te whānau reo hoki o *Tai-Kadai*, he reo tūhāhā (Tirohia *Comrie, Matthews & Polinsky*, 2003). Tokomaha ngā tāngata reorua, reo-maha rānei.

Ka whai wāhi te *Hindi* ki te ture, ahakoa ehara tēnei i

te reo ā-motu tūturu. Ko te tikanga ia, he reo nō te nōta a *Hindi*. Ka wātea hoki te reo Ingarihi ki ngā mahi kāwanatanga, ki ngā pakihi, ki ngā momo akoranga i ngā tāone nunui. E 22 ngā reo o Īnia e whai mana ana i te kāwanatanga. E ono ngā reo kua whakamanatia hei reo o nehe, nō te mea he reo whai tikanga, he reo whai mana mai rā anō hoki. Ko te *Sanskrit* tētahi reo o nehe, tētahi reo rongonui hoki i waho i te whenua o Īnia. Nō reira, he āhuatanga matatini ngā reo ki Īnia, engari ehara tēnā i te raruraru nui ki te hau kāinga.

Te Reo Sanskrit

He reo rongonui, he reo whai mana, he reo tawhito te *Sanskrit*. Koia rā te reo tapu o te whakapono Hinerū, ko te reo o te mātauranga rapunga whakaaro Hinerū, ko te reo hītori o ngā whakapono Pūtā (*Buddhist*) me te whakapono o te Hēina (*Jain*), nā reira i ngā manotau o mua, he reo ka whakamahia puta noa i Āhia. He nui ana tuhituhinga tapu, ana tuhinga roa mō ngā kaupapa maha. Nā ngā mātanga reo, nā Pāṇini (पाणिनि), tētahi wetereo *Sanskrit* i tuhituhi, i te takiwā o te *4 BCE*. Kia tika, ehara tēnei reo i te reo kotahi, ā, kua rerekē haere tēnei reo i ngā rautau nō mua noa atu. Kua tauaweawe te *Sanskrit* ki ngā reo tata ki ngā reo *Dravidian* (te *Telugu*, te *Tamil*, te *Kannada*, te *Malayalam*, me ētahi atu), arā, kua uru atu ētahi āhuatanga o te *Sanskrit* (pērā i ngā kupu maha) ki ērā reo, kua uru atu ētahi o ngā āhuatanga o ngā reo *Dravidian* ki te *Sanskrit* (pērā i ngā orokati kōtuke muri). He nui ngā tāngata o Īnia ka pōhēhē ko ngā reo katoa o Īnia i ahu tōtika mai i te *Sanskrit*. Ka tuhituhia te *Sanskrit* ki te momo tuhinga e kīia nei ko te *Devanāgarī*. Ki te whakamāori au i te kupu *Sanskrit*, ka puta pea hei 'Hamakiritama', hei 'Hanakiritama' rānei. He pai kē ki a au i tēnei wā kia tuhituhia hei *Sanskrit*, ka pēnā anō au mō ērā atu reo o Īnia.

Nā te mātanga reo, nā *William Jones*, te kī.

The Sanscrit language, whatever be its antiquity, is of a wonderful structure; more perfect than the Greek, more copious than the Latin, and more exquisitely refined than either, yet bearing to both of them a stronger affinity, both in the roots of verbs and the forms of grammar, than could possibly have been produced by accident; so strong indeed, that no philologer could examine them all three, without believing them to have sprung from some common source, which, perhaps, no longer exists; there is a similar reason, though not quite so forcible, for supposing that both the Gothic and the Celtic, though blended with a very different idiom, had the same origin with the Sanscrit; and the old Persian might be added to the same family.

Ko tā Jones kōrero ā-tau tuatoru ki mua i te Asiatic Society mō te hītori me te ahurea o te Hinerū (he mea kōrero i te 2 o Pēpuere, 1786, ā, he mea whakaputa i te tau 1788).

E ai ki te kōrero nei, i ahu mai ēnei reo katoa i te whānau reo kotahi (ka kīia nei ko te *Indo-European*). Ka whakaae katoa mai ngā mātanga reo ki tēnei whakapae (tirohia a Kapović, 2019).

Ka whakaakona te *Sanskrit* ki ētahi o ngā whare wānanga o Īnia (e nui atu ana i te 900 ngā whare wānanga ki reira, ko te nuinga he iti rawa te *Sanskrit* ka whakaakona), ā, 18 ngā whare wānanga ko *Sanskrit* te tino kaupapa o te whare wānanga rā. Ka whakaakona hoki ki ētahi atu whare wānanga i Āhia, i Ūropi, i whea rānei. Kua tūtaki au ki ētahi i Īnia nā te kūru (tohunga) rātou i ako. Ki taku mōhio, he nui ngā akoranga e pērā ana. Ki a au, he reo uaua ki te ako, i te mea e ako ana i tētahi reo tuhituhi, he nui noa atu ngā ture, ngā momo whakatakotoranga (tēnā pea he pai tēnei reo ki te tangata e rata ana ki te ako i te reo Tiamana). Kua rongo au e iti haere ana ngā tauira e hiahia ana ki te ako i tēnei reo.

E ai ki tētahi kōrero, he pā iti kei *Karnataka*, ā, ko te reo *Sanskrit* te reo hari i ngā kōrero a te hau kāinga. Te āhua nei, kāore tērā i te tino tika. He reo whakaranu kē te reo o taua kāinga. Ka kite tonutia i te *Sanskrit* ngā oro puare whakamutunga e ngaro ana i te *Hindi*, hei tauira ake, ko te राम *Rama* (te atua) i te *Sanskrit*, engari ko te *Ram* i te *Hindi*, i ētahi atu reo hoki o te nōta.

He kōrero mō *Sanskrit* i te pukapuka a *Ruppel* (2017) me *George* (2020, te upoko 5). Kāore e kore he pukapuka anō mō te *Sanskrit*. Ka kī mai te tohunga a *Nicholas Ostler* ki a au (i te marama o Tīhema i te tau 2022 ki hui o *FEL XXVI*) e hiahia ana ia ki te tuhituhi i tētahi pukapuka mō te *Sanskrit*. Mōku ake, kāore kau he tino take kia ako i tēnei reo. Ka haere tonu au ki ētahi atu reo nunui o Īnia.

Te Reo Pāhia (Persian)

Ko te reo Pāhia he mea hari ki Īnia e te hunga *Mughal* i te rohe o *Uzbekistan* i te tau 1526. Koia nei te reo o te kāwanatanga, te reo o te kōti hoki. He reo tēnei nō te pekanga *Iranian* o te wāhanga *Indo-Iranian* o te whānau reo nui *Indo-European*. Ko tana ingoa, ko te *Farsi* i te whenua o Pāhia, ko *Dari* i *Afghanistan*, ko *Tajik* i *Tajikistan*. E whā pea ngā peka reo ā-rohe matua o te reo Pāhia. Ka tuhia ki tētahi momo tuhituhinga i ahu mai ai i te tuhinga Ārapi. Ka tuhia ki tētahi momo tuhituhinga *Cyrillic* i *Tajikistan*.

He nui ngā tuhituhinga rongonui, tuhituhinga whiti kua tuhituhia ki tēnei reo, nō reira he reo whai mana. He nui ngā kupu reo Pāhia kua uru atu ki ngā reo o Īnia. Kāore au i te mōhio ki tēnei reo.

Te Reo Hindi

Ko *Hindi* te reo tuawhā e kaha katoa nei te kōrerotia i te ao (ko te reo Hainamana, ko te reo Pāniora, ko te reo Pākehā, e kaha ake ana te kōrerotia). Ko te ingoa tūturu, ko te *Modern Standard Hindi*.

Ko tēnei te reo aro whānui (*standard*) e kōrerotia ana i Teri me ngā wāhi e karapoti ana i a Teri. He uri tēnei reo nō te *Vedic Sanskrit*. Ka tuhia ki te momo tuhituhinga o te *Devanāgarī* देवनागरी, engari i te ipurangi, i te pae pāhopori, ka tuhituhi ki te tuhinga o te Rōmana (he tere ake pea te Rōmana, nō te mea koia rā kei ngā pātuhi i te waea, i te rorohiko). E ai ki ngā mātanga reo, ko te reo

Hindi-Urdu he reo kotahi, ahakoa ka tuhituhia te reo *Urdu* ki te momo tuhituhinga o te reo Ārapi. Ka tīkina mai e te reo *Hindi* he kupu hou i te reo *Sanskrit,* ā, ka tīkina mai e te reo *Urdu* he kupu hou i te reo Ārapi. I ngā tau o mua, ka rangona te kupu *Hindustani* mō te *Hindi-Urdu.* Ko tāku ake kupu Māori mō te *Hindi* ko te Hīniti, ko te Hīni rānei, engari kua whakatau kē ahau kia whakamahia mai te *Hindi* i tēnei tuhituhinga.

E mōhiotia ana ko *Hindi,* he reo nō te raki o Īnia. Ko te rohe kōrero i te reo *Hindi,* he rohe nui e kīia nei ko te tātua o te reo *Hindi.* Nā te nui o taua reo, nā te whakaawenga hoki o *Hindi* i ētahi atu reo, he nui kē ngā momo reo *Hindi,* arā, ngā reo ā-iwi, ngā reo ā-rohe. Mō ētahi wāhi, kore e tika ana te kī he reo ā-iwi, nā te mea he reo kē te momo *Hindi* e kōrerotia ana. Ko Teri kē te wāhi o te reo aro whānui mō te reo *Hindi.* Ko te momo *Hindi* i ngā whakahua, i ngā pikitia (ko te nuinga nō Mumupai) hoki, he reo aro whānui anō. Ki taku mōhio, ko te reo *Hindi* te reo e tere tupu ana te maha o ngā kaikōrero i Īnia. Ki ētahi, ko te reo *Hindi,* he reo e pēhi ana, e whakamate ana i ētahi atu reo iti iho, i ētahi reo mana kore.

Ki te noho koe ki roto i te tātua kōrero o te reo *Hindi,* kāore kau pea he take kia ako i tētahi atu reo. Ki te pīrangi koe ki te haere ki tētahi whare wānanga, ki te haere ki tāwāhi rānei, me ako te reo Pākehā. Mehemea ka noho ki waho i te tātua kōrero o te reo *Hindi,* me ako i te reo ā-rohe. Ka tino whai hua te ako i te reo *Hindi.* He nui ngā tāngata e pēnā ana. Ki ētahi o te raki, me ako te katoa o Īnia i te reo *Hindi,* arā, me noho te reo *Hindi* hei reo ā-motu tūturu mō Īnia. Kāore rawa te nuinga o te runga, o te rāwhiti hoki, i te whakaae ki tērā. Ka mea kē atu me pupuri rātou i ō rātou ake reo ā-rohe. He tautohetohe nui tēnei i ētahi wā.

Ko ētahi pea ngā kupu reo Pākehā e mōhiotia whānuitia ana i ahu mai i te reo *Hindi*, ko te:

avatar, bandana, bangle, bungalow, cheetah, chutney, dinghy, dungaree, guru, jungle, loot, mantra, punch (te inu), *pyjamas, shampoo, thug, typhoon, veranda*.

Tērā pea i ahu mai, i ahu tahi mai rānei te kupu *bungalow* i te reo *Gujarati* (i pēnei tonu te kupu *coolie* me te kupu *tank*). Ka tārewa ngā kōrero whānui mō te reo *Hindi* i konei. Mō te roanga ake o ngā kōrero, pānuitia a *Agnihotri* (2022).

Te Reo Bangla (*Bengali*)

Ko te reo *Bangla* (*Bengali*) te reo tuarua o Īnia me te reo tuatahi o Pākaratēhi, arā, koia te reo o te wāhi whānui e kīia nei ko *Bengal*. He reo tawhito, he reo tuhituhinga (ka tuhituhia ki te momo tuhituhinga e kīia nei ko te *Bengali script/Eastern Nagari*). Koia nei te reo tuhituhinga o *Tagore* (he matua tangata, arā he tupua), rātou ko *Bankim Chandra*, ko *Mahasweta Devi*, ko wai atu, ko wai atu. Ko te tatau o ngā kaikōrero i te reo *Bangla*, he nui ake i te 250 miriona. He nui ngā reo ā-iwi, ā-rohe, ā-tuhituhi hoki nō te reo *Bangla*. Ko te reo ā-iwi e noho ana hei reo whānui, ko te reo *Bangla* o *Kolkata*. He pai ngā kōrero whakamārama a *Dorren* (2018, te upoko 6) mō te reo *Bangla*. Ko taku whakamāori i te kupu *Bangla*, ko te 'Pangakara'.

I ako au i ētahi kīanga *Bangla* i a au i Karakata kia kōrero ai au ki ngā taraiwa takihī, ki ngā kaihokohoko hoki. Ka hopukia ēnei kīanga ki taku waea hei āwhina i ahau ki te whakahua tika i ngā kupu. Ko tētahi āhuatanga o tēnei reo, ko te kore (me kī, ko te ngarohanga) o ngā ira wetereo o ngā kupu ingoa, o ngā tūkapi (*pronoun*). E toru ngā ira wetereo o *Sanskrit* (e toru kē ngā ira wetereo o te reo Pākehā tawhito!). Kei te reo *Marathi* me te reo *Gujarati* ngā ira wetereo e toru. E rua ngā ira wetereo o te reo *Hindi* me te reo *Punjabi*. I waimarie au, he TiriAta reo Marei e whakamārama ana i ngā āhuatanga ngāwari o te reo *Bangla*. He nui ngā tāngata *Bengali* kei te whenua o Mareia e noho ana, e mahi ana. E whakapae ana au ka tino whai hua tēnei mahi ki te hinengaro, arā, te ako i tētahi reo mā reo kē atu i te reo Pākehā.

He pukapuka hei āwhina i te tangata ki te ako i te reo *Bangla* (Nasrin & Van Der Wurff, 2015, Thompson, 2020), engari he nui rawa te utu mō aua pukapuka. Kāore te reo *Bangla* i te whakaakona ki te taupānga rorohiko, pērā i *Duolingo*, engari ko *Bangla* tētahi reo i te wāhi ipurangi *Duolingo*. Ki taku mōhio, kāore he tino nui ngā rauemi pai hei āwhina i te tangata ki te ako i tēnei reo whakahirahira nei. Ka takahi tonu au i te takahanga ki ētahi atu reo nunui o Īnia.

Ētahi atu Reo Nunui o Īnia

Tērā anō ētahi atu reo nunui o Īnia. I te nōta, ko te reo *Marathi* tētahi, ā, kei te takiwā o te 95 miriona ngā kaikōrero. Ko te reo *Punjabi* tētahi, ā, kei te takiwā o te 92 miriona. Ka kōrerotia i Īnia, i Pakitāne hoki. He reo tone (*tone language*) tēnei (kotahi anake te reo tone *Indo-Aryan* i Īnia), he nui ngā kaiwaiata 'rakapioi' *Punjabi*. He pai ēnei waiata ki ngā rangatahi puta noa i Īnia, ā, kua uru mai ētahi kupu *Punjabi* ki te reo *Hindi*. Ko te reo *Gujarati* tētahi, ā, kei te takiwā o te 60 miriona ngā kaikōrero. Ko te reo *Bhojpuri* tētahi, ā, kei te takiwā o te 50 miriona ngā kaikōrero. Ko te reo *Odia* tētahi, ā, kei te takiwā o te 38 miriona ngā kaikōrero, arā noa atu, arā noa atu ngā reo kē atu. I te hauta, nō te reo whānau *Dravidian*, ko te reo *Telugu* tētahi, ā, kei te takiwā o te 90 miriona ngā kaikōrero. Ko te reo *Tamil* tētahi, ā, kei te takiwā o te 80 miriona; ko te reo *Kannada* tētahi, ā, kei te takiwā o te 56 miriona; ko te reo *Malayalam* tētahi, ā, kei te takiwā o te 37 miriona. He reo tawhito, he reo tuhituhi hoki ēnei reo katoa.

Ko *Santali* tētahi reo taketake, ā, kei te takiwā o te 7 miriona ngā kaikōrero. He reo *Munda* tēnei nō te whānau reo *Austroasiatic*. Ka kōrerotia tēnei reo i te raki, i te rāwhiti-mā-raki hoki o Īnia, i te whenua o Nepōra, i te whenua o Putāna, i te whenua hoki o Pākaratēhi. He hoa kōrero *Santali* tōku kei Karakata e noho ana. Ko tētahi o ana mahi, ko te pupuri i ētahi tuhituhinga tawhito o *Santali* (nāku anō ia i āwhina kia whai pūtea i Ingarangi) ki te rorohiko. He momo tuhinga motuhake tēnei e kīia nei ko te *OL Chiki*. Ko ētahi, ka tuhi i tēnei reo ki ētahi atu momo tuhituhinga, pērā i te tuhituhinga o te reo *Bangla*, i te tuhituhinga o te reo *Odia*, i te tuhituhinga hoki o te reo Rōmana i ngā wā o mua. Kāore au i te mōhio ki tētahi atu reo taketake e nui nei ngā kaikōrero. Ko te nuinga o ēnei reo, he iti rawa ngā kaikōrero, he reo ā-waha anake hoki.

Ngā Waiaro Reo

Ki ōku ake wheako, he rerekē ngā waiaro ki te reo i Īnia. He nui ngā hui i Īnia i tae atu ai au. Ko te reo Pākehā te reo o te kauwhau, ā, kia mutu te kauwhau, ka huri kē ngā tāngata katoa ki ngā reo o te kāinga. Mehemea he reo tōtahi (reo Pākehā) tētahi o ngā tāngata i taua hui, ka kōrero Pākehā ahau ki a ia, engari ka tere huri ki reo kē atu. Ka wero mai ētahi o ōku hoa o Īnia ki a au, "He maha ō taenga mai ki konei, he aha ngā rerenga reo *Hindi* (rerenga reo *Bangla* rānei) kua mau i a koe?" Ko te tikanga, mehemea ka tino aroha koe ki tētahi wāhi, ki tētahi iwi, me ako koe i te reo o reira. Kāore rawa au i te rongo ki tētahi e whakahē ana i taku whakahua o ngā kupu o te hau kāinga, ahakoa he nui tonu aku hapa whakahua. I koa kē rātou i te rāwaho e ngana ana ki te kōrero i tō rātou reo.

Kua tae atu au ki tētahi hui i Karakata, ā, ko ngā tikanga kanikani, ko ngā tikanga waiata hoki ngā kaupapa a tētahi o ngā kaikōrero, nā reira ka kauwhau ia i te reo *Bangla*. I waimarie au, he nui ngā tauira hei whakamārama i ana kōrero ki a au, ki ētahi atu hoki o te hui. Ka mutu tana kauwhau, ka tere whakatata mai ia ki a au me te whakapāha mō tana kauwhau i te reo *Bangla*. Ko tāku ki a ia, "Kaua rawa e whakapāha mai mō te kōrero i tōu ake reo ki tōu ake whenua." Nā, ka huri anō au ki te reo wharanga (*lingua franca*) o te nōta, ki te reo *Hindi*.

Te Ako i te Reo Hindi

E ako ana au i te reo *Hindi* (हिन्दी, ko tōna tikanga ko *Hindī*). He tino nui taku aroha ki tēnei reo. Me whakamōhio atu au ki te kaipānui, ehara i te reo ngāwari ki te ako, ā, e ako tonu ana au. Kāore rawa te mōhio ki te reo Māori i te paku āwhina i te ako i taua reo. Mehemea e mōhio ana ki te reo Marei, ka āhukahuka koe i ētahi o ngā kupu. I te pīrangi au ki te āta whakamārama i ngā āhuatanga taumaha o te reo *Hindi* nei i konei, engari ka kūraruraru au i te kore o ngā kupu Māori hei whakamārama i ngā taipitopito katoa o te reo nei. Māku anō e rapurapu haere, e waihanga rānei ērā kupu mātauranga reo ā tōna wā.

Tekau ngā oropuare o te reo *Hindi*: e rima ngā oropuare poto, e rima anō ngā oropuare roa. He rerekē te 'kounga' o ngā oropuare (tirohia tā Ohala, 1994). Me tūpato i ngā pukapuka e kī ana he ōrite pū ki ngā oropuare reo Pākehā. He oropuare ā-ihu ētahi o aua oro, ā, e tohu ana tēnei āhuatanga i te tuhinga o te reo *Devanāgarī*. E toru ngā oropuare rerekē; tērā pea he nui ake.

Toru tekau ngā orokati o te reo *Hindi*; e whitu kē pea i

ahu mai ai i reo kē atu. Ko ētahi, he orokati whakaputa hau (*aspirated*); ko ētahi anō, he orokati tamumu (*murmured*); ko ētahi atu, he roa. Ki te nuinga o ngā kaikōrero reo *Hindi*, kārekau he rerekētanga o te whakahuatanga o te /v/ me te /w/. Ki ētahi, he uaua te whakahua tika i te /w/ i a rātou e kōrero Pākehā ana. Ki a au, ko ngā orokati hou te mea tino taumaha o te ako i te reo *Hindi*. Ka tino whai hua te āta whakarongo ki ngā tohunga kaiako kua ako i tēnei reo hei reo tuarua.

Kāore ngā kūoro o te reo *Hindi* i te uaua rawa. Kei te reo Hindi tōna anō manawataki, tōna anō tangi, tōna anō ūngeri hoki.

Kia waihanga kupu ai i te reo *Hindi*, he tumu me tētahi kuhimua (*prefix*), tētahi kuhimuri (*suffix*) rānei. Tirohia a *Singh & Agnihotri* (1997).

I kī au i mua e rua ngā ira wetereo i te reo *Hindi*. Hei tauira ake (ka kaha kitea tēnei tauira i te reo *Hindi*):

tama kotahi—*ladka*—लड़का
ngā tama—*ladke*—लड़के
kōtiro kotahi—*ladkī*—लड़की
ngā kōtiro—*ladkiyā̃*—लड़कयाँ

Ehara te orokati ड़ /ḍ/ i te /d/ o te reo Pākehā, he orokati kōtuke muri /r/. Ko te /a/ whakamutunga o te *ladkiyā̃*, he oro puare ā-ihu. Koia te take me ako te momo tuhinga *Devanāgarī*, i ētahi wā kāore e taea e te tuhituhinga Rōmana te whakaatu te oro *Hindi* e tika ana.

Ko ētahi o ngā kupu ingoa kāore e tīnitia. Kotahi te kupu mō te tāne me ngā tāne, arā, ko te *ādmī* (आदमी). Nō reira me ako te ira wetereo mō ngā ingoa katoa o te reo *Hindi*. He uaua tēnei i ētahi wā, hei tauira, ko te nuinga o ngā wāhanga o te tinana he ira wetereo tāne, engari ko ētahi wāhanga, pēnei i te ihu, i te karu, i te matimati, i te poho, i te tuke ringa hoki, he ira wetereo wahine kē!

Tirohia ēnei rerenga reo *Hindi* ngāwari:

pēwhea tō parata?—pēwhea tō hita?
āpkā bhāī kaisā hai?—āpkī bahin kaisī hai?
आपका भाई कैसा है?—आपकी बहन कैसी है?

āpkā = tō (mea ira tāne),
bhāī = parata,
kaisā = pēwhea (mea ira tāne),
hai = is

āpkī = tō (mea ira wahine),
bahin = hita,
kaisī = pēwhea (mea ira wāhine),
hai = is

Ko te /a/ whakamutunga o ngā kupu e rua, ka tohu i te mea ira tāne; ko te /ī/ whakamutunga, ka tohu i te mea ira wāhine. Me hāngai te kupu rirohanga ki te kupu ingoa ki te kupu mahi mō te taha ki te ira wetereo, ki te nama (tau) hoki. Ko te kupu mahi te kupu whakamutunga i ngā rerenga reo *Hindi*.

I te reo Marei ōpaki, ko te "pēwhea tō parata" te *"bagaimana abang awak"* - *bagaimana* = pēwhea, *abang* = parata, *awak* = koe - kārekau rawa he kupu rirohanga.

Ka rerekē te nuinga o ngā wāhanga whakamutunga o ngā kupu āhua reo *Hindi*, me hāngai kē ki te kupu ingoa, engari, ko ētahi atu o ngā kupu āhua, kāore e rerekē.

Ka riro mā te kupu mahi reo *Hindi* kē ngā mahi nui e waha, e pīkau, pērā i te reo Pākehā. Ko te kupu mahi Māori, he māmā ake, arā, he kuhimuri hāngū (*-tia*), he kuhimuri ingoa (*-tanga*), he iti ngā kuhimua, he kai nā te ahi.

Ka riro mā ngā pukapuka wetereo reo Pākehā (Agnihotri 2022, Snell 2014, Weightman and Snell 2017) ngā whakamārama o ngā āhuatanga o te kupu mahi reo *Hindi* e whakamahuki. Kāore i a au ngā kupu Māori wetereo tika i tēnei wā tonu. Ko te tūmanako, ka whakawhānui au i tēnei wāhanga ki tētahi atu putanga o te pukapuka nei.

Ko tētahi atu mea wetereo o te reo *Hindi* me mōhio e te kaipānui, ko te korenga o te pūhono (*preposition*), otirā ka noho kē ngā pūhono i muri mai i te kupu ingoa, hei tauira ake:

दिल्ली में—*Dillī mẽ*—ki Teri
(*Dilli* = Teri)
मेज़ पर—*mez par*—ki runga i te tēpu
(*mez* = tēpu)
आज तक—*āj tak*—tae noa ki te rā nei
(*āj* = rā, rangi)

He nui tonu ngā kōrero wetereo kei ngā pukapuka, kei te ipurangi, kei ngā ngutu hoki o te tangata e noho ana hei whaiwhai mā te hunga e pīrangi ana ki te ako i tēnei reo whakahirahira nei. He pai te reo *Hindi* o *Duolingo*, me kī he pai ki te taringa, ki te ako i ētahi kupu, i ētahi kīanga hoki e hou ana. Engari kāore he mea i tua atu, i tua mai, i te kōrerorero kanohi ki te kanohi, ki te tangata. He nui ngā rauemi pae pāhopori mō te reo *Hindi*. Ka āta titiro au ki ngā ataata TiriAta a tētahi kaiako reo *Hindi* nō Teri. He rawe noa atu ana mahi, engari i te mutunga o te tau 2023, ka mutu tana tukutuku ataata ki te TiriAta. Koia nei te mate o ngā pae pāhopori. Nā te tūkino, nā te whakaparahako, nā te takeo rānei, ka wehewehe ngā tāngata tuku rauemi pai.

Ko tā te pukapuka, he whakaatu i ngā rerenga, i ngā whakatakoto tika. Heoi anō, ka tae atu ki te tiriti, ki ngā horopaki ōpaki rānei, he rerekē anō te kōrero. E pēnei tonu ana te reo *Hindi*.

Ko tētahi mahi hē ka kitea ki te TiriAta, ki whea rānei, ko ngā ākonga reo *Hindi* e kaha whakamahi ana i te kupu धन्यवाद (*dhanyavaad*), arā, te 'ngā mihi', te 'kia ora' rānei. Ki taku mōhio, he kupu ōkawa rawa atu tēnei kāore i te tino whakamahia e te hau kāinga. Me tūpato anō ki ngā mihi ina tūtaki ki tētahi tangata tauhou. E kīia ana, ko te reo tērā e hari ana i te ahurea. He ngāwari ake te ako i tētahi reo, tērā i te ako i ngā tikanga o tētahi ahurea.

Kei ngā tāone, kei ngā whakaakoranga he maha ngā kaikōrero *Hindi* kua ako i te reo Pākehā. Nā reira i te wā e kōrerorero ana ētahi tāngata reorua, reomaha rānei, he whakawhitiwhiti reo, he whakauru kupu, he whakauru kīanga Pākehā hoki te mahi. Kitea ai tēnei āhuatanga i ngā pikitia *Hindi*, arā, i ngā ataata *Bollywood*. He uaua te whai i ēnei momo tauira, engari koia te reo tūturu o te hau kāinga.

Ki a au, he uaua te ako i te kupu takitahi. He pai ake te ako i te kupu ki roto i te kīanga, i te rerenga kōrero rānei. Mōku ake, me whakarite he wā ako i tētahi reo i ia rā, i ia rā. Kua kī au kāore kau he rauemi i tua atu i te kōrerorero ki te tangata, hui ā-tinana mai, huiata mai rānei.

Ko te reo ā-waha he wāhanga nui nō te reo. Kaua rawa e wareware ki te reo ā-tinana o tētahi reo. Anā, ki te whakaae mai te kaikōrero reo *Hindi*, ka tungou tītaha ia tana māhunga, he paku te tungou tītaha. He nui anō ngā whakamahinga o te māhunga, o te ringa hoki hei tirohanga mā te tangata e ako ana i te reo *Hindi*.

Ka mutu i konei aku pitopito kōrero mō te reo *Hindi*, mō ngā reo whānui hoki o Īnia. Kua kī au he tino reo te reo *Hindi* ki a au. He rongoā mō taku wairua, kāore tonu au i te mōhio ki te take i pēnei ai. Ko te tūmanako, he wā anō, he wāhi anō hoki ka whakawhānui au i ngā kōrero mō te kaupapa nei. I te wāhanga e whai ake nei, ka ruku au ki roto i te ao o te tuhituhinga.

He Pukapuka, he Tuhituhinga

Ngā Tuhituhinga Huhua noa

HE TINO PAI KI A AU TE PĀNUI PUKAPUKA. KO NGĀ PUKAPUKA rawe ki a au, ko ngā pakimaero (ko ngā tuhituhinga pūrākau, ko ngā tuhituhinga pakiwaitara hoki), ko ngā pukapuka hītori, ko ngā pukapuka pono (ngā momo mātauranga katoa). Tokoiti ngā kaituhi paki pohewa pūtaiao he rawe (ko *Frank Herbert* tētahi) ki a au. He pārekareka ētahi o ngā tuhinga haerenga me ngā tuhinga mahara, ngā tuhinga haukiri (hau rongo) hoki.

I a au i te kura tuarua, ka pānui au i ngā pukapuka a te kaituhi Māori rongonui, a Witi Ihimaera, arā, ko *Tangi* (Ihimaera 1973) me *Whānau* (Ihimaera 1974) (ka tūtaki au ki ōna mātua i tētahi marae ki Te Tai Rāwhiti i tētahi tangihanga nō mua noa atu). He rawe ēnei pukapuka ki a au. He pai anō te *Kaieke Tohorā* (2003). He rawe āna tuhituhinga maumahara (Ihimaera 2014, 2019). Kāore au i te mīharo ina kite au i tētahi whakaahua o tōku whaea kēkē i tana tuhituhinga maumahara tuarua (*Native Son: The Writer's Memoir*) (Ihimaera 2019), nō te mea ka mōhio kē au i haere rāua tahi ki te whare wānanga o Tāmaki Makaurau i ngā tau o mua. Kua pānui au i ētahi atu o āna pukapuka, engari kāore au i te tino rata ki aua pukapuka.

I a au e taiohi ana, ka pānui au i ngā pukapuka a *James McNeish* (1977, 1998). Nō te mea ko Te Maika (i Kāwhia) te kaupapa o ēnei pukapuka e rua. Nā, he wāhi tino pai a Te Maika ki tōku whānau whānui, he whare tātahi tō mātou ki reira, ā, he rawe ki te whānau te hokihoki atu ki reira hī ika ai, hāereere haere ai, whakatā ai hoki. Ka pānui anō au i ngā pukapuka paki a *Frank Anthony* (1951, 1952) mō *Gus Tomlins*. Ko te kaupapa o ēnei ko tētahi kaipāmu me āna mahi hātakēhi i te rori i tupu ai au (ki Taranaki). E ai ki te hau kāinga, ko *Gus Tomlins* he koroua tūturu nō tētahi whānau kei reira e noho tonu ana. He pārekareka ēnei momo pukapuka ki a au. E hāngai ana ki te horopaki o aua wāhi ki tāku ake titiro. Engari kāore au i kaha pānui pukapuka, tae noa atu ki te wā ka tae au ki te whare wānanga (e rua tekau mā ono tau taku pakeke i taua wā).

Ki a au ko ngā kura tuarua te wāhi e raruraru ana te whakaako i te mahi pānui pukapuka. I ngā karaehe reo Pākehā, e whakaako tonu ana i a Rurutao (Hakapia), i ētahi atu hoki o ngā tuhituhinga tawhito. He tino toa a Rurutao, engari kāore rawa ngā rangatahi o ināianei i te tino pai ki a ia. He pai kē te tukutuku pukapuka ki te rangatahi e hāngai ana ki tō rātou ake ao. Hei tauira take, i te tau 2019, i te kura tuarua taku kōtiro e ako ana. Ka haere māua ki ngā hui uiui ki te taha o ngā kaiako. Ka pātai au ki te kaiako reo Pākehā o taku kōtiro, "He aha ngā kaupapa ako mā ngā kōtiro i ngā wāhanga e whai ake nei?" (ko te kura nei, he kura kōtiro anake, ko te nuinga o ngā tauira he Māori, he kōtiro nō ngā moutere). Ka kī mai te kaiako ki a au, "Ko te tuhituhinga whiti nō te pakanga tuatahi o te ao." Kāore au i te whakahē i te kaupapa tuhituhinga. Nā, ka wero atu au ki te kaiako, "He pai ake kia āta titiro ki ngā tuhituhinga o ngā horopaki o ngā tauira nei." Ka whakahoki mai te kaiako, "Tēnā, homai he tauira." Ko tāku ki te kaiako, "Ko Ihumātao." Kāore ia i te mārama, ka ui mai ki a au, "Ka pēwhea a Ihumātao?" Ka kī au, "E mōhio ana koe ki te mahi tohetohe i Ihumātao?" Ka āpiti atu au, "Ko tētahi o ngā mahi nui i tēnei wā tonu, ko te whakaputa kōrero whiti i ia pō, i ia pō." Ka mea mai te kaiako, "Mehemea ka taea e koe te tiki ngā kōrero whiti, ā, ka whakaakona e au ki ngā tauira nei." I te mōhio au ki tētahi o ngā kaitito whiti, ka kī mai tēnā kaitito whiti ki a au, "Kei ngā pae pāhopori ētahi o ngā whiti mō Ihumātao nei." Ka kohikohia ngā whiti e au, ka tukua e au ki taku kōtiro, ā, nāna i tuku atu ki te kaiako me te karaehe katoa. E mihi ake ana au ki te kaiako nei. Ko ia tētahi e tino pīrangi ana ki te kimikimi tuhituhinga e hāngai ana ki te ao, ki te horopaki rānei o āna ake tauira. Kāore i te pērā te nuinga o ngā kaiako reo Pākehā kei ngā kura tuarua i Aotearoa nei.

Ko ētahi o aku tino kaituhi pakimaero ko *George Orwell*, rātou ko *F. Scott Fitzgerald*, ko *Steinbeck*, ko *Nabokov*, ko *Mary Shelley*, ko *Hemingway*, ko *Tolstoy*, ko

Dostoevsky, ko *Jane Austen*, ko *Thomas Mann*, ko *Albert Camus*, ko *E.M. Forster*, ko *Pasternak*, ko *Margaret Atwood*, ko *Iris Murdoch*. I tētahi tau o mua, kotahi rau ngā pukapuka pakimaero i pānuitia ai e au i taua tau tonu rā! Kāore au i te pērā i ngā tau tata noa nei. Ko ngā pae pāhopori, pae (pāpāho) pāpori rānei (*social media*), tētahi mea e moumou ana i aku wā pānui.

Ko aku tino kaituhi tuhinga pono reo Pākehā e ora ana i tēnei wā tonu, e whai wāhi ipurangi nei, ko *Robert Caro* rātou ko *David Crystal*, ko *William Dalrymple*, ko *Richard Dawkins*, ko *Jared Diamond*, ko *Atul Gawande*, ko *Andrew Gelman*, ko *Jonathan Haidt*, ko *Yuval Noah Harari*, ko *Heather Heying*, ko *Bret Weinstein*, ko *Leanne Hinton*, ko *Sebastian Junger*, ko *Jon Krakauer*, ko *Stephen Kotkin*, ko *John McWhorter*, ko *Barbara Oakley*, ko *Nicholas Ostler*, ko *Steven Pinker*, ko *Hampton Sides*, ko *Bari Weiss*. Ko te nuinga o ēnei ka kitea i ngā tūmomo pae pāhopori. Kāore rawa au i te kī e whakaae katoa ana ki ō rātou whakaaro!

Kāore pea au i te tino rata ki ngā tū pakimaero poto, ki ngā tuhituhinga whiti, ki ngā tuhituhinga whakaari, ki ngā tuhituhinga mahi hara (takahi i te ture), ki ngā momo tuhituhinga whaiāipo hoki. Engari i ētahi wā, ka pānui pukapuka pēnā au. I tētahi rā nō mua atu ka kī atu au ki tētahi o aku hoamahi:

"kia uru au ki tētahi kāinga hou, ko taku mahi tuatahi ko te whakatata hāngai atu ki ngā pae pukapuka, ā, ka ata tirohia ngā pukapuka e rārangi ana, ki reira whakatau ai kia kōrero atu au ki tērā tangata, kia kaua rānei." Ka mea mai taku hoamahi ki a au, "He ihu tū koe!"

He mahi tinihanga tēnei nāku, engari mā te mōhio ki ngā pukapuka e ngakaunuitia ana e te tangata, ka mōhio ki te tangata.

He nui ngā huarahi rapurapu pukapuka hou. He tangata kaha hoe waka au i ngā tau kua pahure. Ka hokona e au he waka kōreti moana mōku. I tētahi whare nō te *Auckland Canoe Club*, i Te Whanga o Ōkahu te waka kōreti e takoto ana. E whā rau pea ngā mema o te *Auckland Canoe Club*, ā, ka whakatūria e rātou he karapu pukapuka. Ka hono au ki taua karapu mō ngā tau e toru pea. Ka whiriwhiria e te karapu he pukapuka pai, ā, ka tohatohaina ki ngā mema, ka pānuitia, ka huihui te rōpū pānui pukapuka ki te wānanga i te pai, i te koretake rānei o te pukapuka. He mahi pai kia whakawhānui atu i tō tirohanga ki ētahi kaituhi hou, ki ētahi tūmomo tuhituhinga hou (kei tētahi whare noho teitei mātou e noho ana i tēnei wā, nā reira kua hokona atu taku waka kōreti).

Ko ētahi o ōku hoamahi, ka mahia mai e rātou he rārangi mō ngā pukapuka e pānuitia ana e rātou, ā, kia tūtakitaki mātou ki a mātou anō, ka tohatohaina atu ngā rārangi. Ka tukua he māka ki ngā pukapuka, i waenga i te kore me te tekau hei tohu i te pai. Tokotoru ōku tino hoamahi e pēnei ana i ngā tau kua pahemo. Tokorua o taua tokotoru, kua oti kē i te mahi ukiuki, arā, kua kore e mahi pūmau. Ināianei kua riro mā te īmēra e kōrerorero ai mātou mō ngā pukapuka pai.

He mahi pānui pukapuka anō tāku, ko te pānui i ngā pukapuka kua whakawhāitia ki te rārangi poto mō tē *Paraihe Booker*. Ko te paraihe pukapuka nei, he paraihe rongonui i te ao pukapuka reo Ingarihi. He pūtea nui ka whakawhiwhia ki te kaituhi (ki ngā kaituhi rānei) ka toa. Ka tīmata te paraihe nei i tau 1969 ki Ingarangi, ā, e haere tonu ana. Kua rerekē ngā kamupene me ngā rōpū tukutuku pūtea mō te paraihe i ngā tau tata nei. I ētahi tau ka riro i a au ngā pukapuka e rima, e ono rānei kua whakawhāitia ki te rārangi poto. Ka pānuitia aua pukapuka, ā, ka tuku au i ōku whakaaro mō te pukapuka ka toa ki aku hoa pānui pukapuka, arā, i mua iho i te whakatau a te komiti whakawā (I te nuinga o ngā tau, e hē ana taku kōwhiriwhiringa, e hē ana rānei tā te komiti whakawā!). Nō Īnia ētahi o ngā kaituhi i toa, arā, ko *Arundhati Roy* rātou ko *Kiran Desai*, ko *Aravind Adiga*, ko *Salman Rushdie*. Ko tērā hoki ētahi, ko Īnia kē te kaupapa a ngā kaituhi i toa, pērā i a *Ruth Prawer Jhabvala* rātou ko *J.G. Farrell*, ko *Paul Scott*. Tokorua noa iho ngā kaituhi nō Aotearoa i toa, arā, ko *Keri Hulme* (*The Bone People*) (ki te whakamāori au i te taitara o tēnei pukapuka, ko "Te Iwi iwi") rāua ko *Eleanor Cotton* (*The Luminaries*) (ki a au, he roa rawa tēnei pukapuka). Ki a au hoki, ko te mea tino pai rawa atu, ko *Kazuo Ishiguro* (*Remains of the Day*, Ishiguro 1989) (he tino kaituhi a *Kazuo Ishiguro*, he tangata Hapanihi, engari ka tupu kē ake i Ingarangi); ko te pukapuka koretake rawa, ko tā *DBC Pierre* (2003), ā, ko te taitara o tana pukapuka, ko *Vernon God Little*. Heoi anō, kāore anō au kia pānui i ngā pukapuka Paraihe *Booker* nō ngā tau tata nei, mō te tūpono noa kua puta kē mai tētahi mea e kino ake ana i te *Vernon God Little,* auē!

Ka āhua whai haere au i ētahi o ngā paraihe pukapuka pērā i te *Pulitzer Prize* nā *Columbia University* i whakarite, te *National Book Award*, te *Commonwealth Writers Prize* (Kua mutu tēnei i te tau 2011), te *Miles Franklin*, te aha rānei.

Ngā Tuhituhinga Haerenga

I ētahi wā, ka pānui au i ngā tuhituhinga mō ngā haerenga (kua kōrerotia kē tēnei i te wāhanga mō ngā rauemi mō ngā haerenga). Ka pai au ki te pukapuka o *A Short Walk in the Hindu Kush* nā *Eric Newby* (1958), *te A passage to India* nā *E.M. Forster* (1924) hoki. He tino pai ki a au te kaituhi mō ngā haerenga, a *Bruce Chatwin*. He rawe ngā tuhituhinga a *VS Naipaul* (he uri ia nō Īnia) ki a au (*A house for Mr Biswas*, 1961, *A Bend in the River*, 1979). E toru ana pukapuka mō Īnia, ko te *An Area of Darkness* (1965), ko *India: A Wounded Civilization* (1977), me *India: A Million Mutinies Now* (1990), ka mutu, ko te katoa e whakaiti ana i a Īnia. Engari he tohunga ia ki te tuhituhi (tirohia te pukapuka a *Theroux* (2014) mō *Naipaul*). Ko ētahi o ngā pukapuka a *William Dalrymple*, he tuhituhinga mō te haerenga. Kāore e kore he nui noa atu ngā pukapuka mō ngā haerenga i Īnia; kāore au i te tino whai i ēnei momo tuhituhinga.

Ngā Tuhituhinga Īnia

Ka mīharo tonu au ki ngā tuhituhinga o Īnia. E rua ngā tuhituhinga tawhito, ngā tuhituhinga nui whakahirahira o Īnia: ko te *Mahābhārata,* ka tahi; ko te *Ramayana,* ka rua. Ko te *Mahābhārata* (kāore te /a/ whakamutunga e whakahuatia ana i te reo *Hindi,* i te reo Pākehā o Īnia), i tīmata pea i te *3rd Century BCE*, arā, ka tuhituhia ki te reo *Sanskrit,* ā, ka oti pea i te *4th Century CE*. Ka tuhituhia hei whiti, heoi 1.8 miriona ngā kupu! He roa ake i te Paipera Tapu. Ko te kaupapa matua o te tuhituhinga nei, ko tētahi pakanga o ngā whānau e rua (he whanaunga ēnei whānau ki a rātou anō), ko te horopaki o te pakanga me ngā mahi i muri i te pakanga. Ko te *Bhagavad Gita* (he kōrerorero nā *Arjuna* rāua ko *Krishna*) tētahi wāhanga o te *Mahābhārata*. Tirohia te pukapuka a *Satyamurti* (2016) kua whakawhitinga ki te reo Pākehā o nāianei. Ko te *Ramayana* (ko ngā mahi a Rama, he pirinihi ia), i ahu mai pea i te wā o te *Mahābhārata,* nō ngā rautau o mua noa atu. Kei te takiwā o te 480,000 ngā kupu, he koata noa tērā i te roa o te *Mahābhārata*. Ko ēnei mea e rua e mōhiotia whānuitia ana i Īnia, ki taku mōhio, ka whakaakona ki roto i ngā kura. He nui noa atu ngā tuhituhinga tawhito, ngā momo tuhituhinga hītori, tuhituhinga whakapono, tuhituhinga rānei mō te aha atu i Īnia.

He nui ngā rārangi pukapuka pai mō Īnia. Hei tauira, tirohia te rārangi pukapuka a *Ann Morgan* (*a year of reading the world*) mō Īnia, mō Aotearoa:

India: *Suketu Mehta Maximum City / Rohinton Mistry Family Matters; A Fine Balance / Premchand / Rahul Bhattacharya "The Sly Company of People who Care" / Amitav Ghosh River of Smoke / Tabish Khair The Thing about Thugs / Aman Sathi A Free Man / Sunetra Gupta / Omair Ahmad Jimmy the Terrorist / UR Ananthamurthy Bharathipura / Chandrakanta A Street in Srinagar / Siddharth Chowdhury Day Scholar / Kishwar Desai Witness the Night / Namita Devidayal Aftertaste / Manu Joseph Serious Men / Kavery Nambisan: The Story that Must Not Be Told / Kalpish Ratna The Quarantine Papers / Uppamanyu Chattergee Way to go / Chandrahas Choudhury Arzee the Dwarf / Manju Kapur The Immigrant / Neel Mukherjee The Immigrant / Mani Sankar Mukherji The Middleman / I. Allan Sealy The Trotter Nama / Shashi Warrier / Aniruddha Bahal /Vikram Chandra /M T Vasudevan Nair Mist; The Legacy; The Demon Seed; Second Turn; Kaalam / Asha Poorna Devi / Ruskin Bond / Gurcharan Das India Unbound / Mark Tully / Shashi Tharoor The Great Indian Novel / Mahasweta Devi Imaginary Maps; Bitter Soil; Hajar Churashir Maa / RK Narayan Malgudi Days / Jhaverchand Meghani / Kushwant Singh Train to Pakistan; The Portrait of a Lady / ed Rakesh Khanna The Blaft Anthology of Tamil Pulp Fiction / Shivaji Sawant Mrityunjay / OV Vijayan / Govardhanram Tripathi Saraswatichandra / Satyajit Ray Feluda series / Sunil Gangopadhyay Those Days / Rabindranath Tagore / Sashi Deshpande / Kiran Nagarkar Cuckold; Seven Sixes are Forty-Three / Charu Nivedita Zero Degree / Tarun Tejpal*

Alchemy of Desire / Manoshi Bhattacharya Chittagong Summer of 1930 / Sankar Chowringhee / Shanta Gokhale Crowfall / Maitreyi Devi Na Hanyate / Aruna Chakrabarti Srikanta / Ruskin Bond / Thakazhi Sivasankara Chemmeen / Mulk Raj Anand Untouchable / Vikram Seth A Suitable Boy / Vivek Shanbhag Ghachar Ghochar / Geetanjali Shree Mai

New Zealand: *Charlotte Grimshaw Singularity / Maurice Shadbolt Season of the Jew / Keri Hulme The Bone People / Lloyd Jones Mr Pip / Alan Duff Once Were Warriors / Witi Ihimaera Tangi / Janet Frame / Patricia Grace Pōtiki / Eleanor Catton The Luminaries.*

He pai tēnei rārangi pukapuka ki a au. Ehara te nuinga o ngā kaituhi nei i te tauhou ki a au. Ko ētahi o ngā ingoa rongonui i te rārangi nei, e mōhiotia ana ki te ingoa kotahi, arā, a *(Munshi) Premchand,* a *(Mani) Sankar (Mukherjee),* a *(Rabindranath) Tagore* hoki. Kāore a *Ann Morgan* i te whāki atu he mea whakapākehā ētahi o ēnei pukapuka e tētahi kaiwhakapākehā (pēnā i te *Ghachar Ghochar,* i ngā tuhituhinga hoki a *Mahasweta Devi),* nā reira kāore e taea e au te kōrero mō te kounga o te whakawhitinga reo. Ko ētahi o ēnei pukapuka kāore anō kia tae mai te tānga ki Aotearoa, me hoko i Īnia, me tuku mai hoki ki konei. Mō te rārangi o ngā pukapuka nō Aotearoa nei, kua ngaro a *John Mulgan, Man Alone.* He tino pukapuka nō Aotearoa tērā ki a au. Mōku ake, ehara te pukapuka a *Keri Hulme* i te pukapuka pai ki a au, engari he nui ngā tāngata o Aotearoa ka pai ki tērā pukapuka. Arā atu anō ngā rārangi o ngā pukapuka pai mō Īnia kei te ipurangi (*The India List, Amazon*), kei whea rānei.

He nui ngā pukapuka Īnia rongonui kāore anō kia pānuitia e au, nōku tēnei hē. Hei tauira, kāore anō au kia whai wāhi atu ki ngā pukapuka a *Rudyard Kipling* (*Kipling*, 1894, 1895, 1901), ki ngā pukapuka maha a *Tagore,* a wai mā rānei. Heoi anō kua tata tae ki te wā o te hōtoke, ki te wā o te whakatā.

Tekau ngā Pukapuka Īnia Tino Pai

Anei tētahi rārangi o ngā pukapuka Īnia tekau e tino pai ana ki a au. Ki taku mōhio, e hokona ana ēnei pukapuka i ngā toa pukapuka i te ipurangi nei.

Katherine Boo. (2012). Behind the beautiful forevers: Life, death, and hope in a Mumbai undercity.
William Dalrymple. (2019). The anarchy: The relentless rise of the East India Company.
Sankar. (1962). Chowringhee.
Sujatha Gidla. (2017). Ants among elephants: An untouchable family and the making of modern India.
Suketu Mehta. (2004). Maximum city, Bombay lost and found.
Rohinton Mistry. (1995). A Fine Balance.
RK Narayan. (1942). Malgudi Days.
Vivek Shanbhag. (2015). Ghachar Ghochar
Thakazhi Sivasankara Pillai. (1956). Chemmeen.
Vikram Seth. (1993). A suitable boy.

Nā tētahi wahine Amerika kua mārena ki tētahi tāne nō Īnia te mea tuatahi. E kapi pai ana te taitara i te kaupapa o te pukapuka nei. Ko te mea tuarua, he kōrero pono anō. Ka mīharo tonu au ki te mahi kino a te kamupene nei. Ko te mea tuatoru, he pakimaero mō tētahi hōtēra i Karakata (ko te whakahua tika o te *Sankar* ko te */Shankar/*, arā, he ingoa *Bangla*). Ko te mea tuawhā, ko tētahi wāhine Īnia kei Amerika e noho ana i tēnei wā, ā, he pai te whakamārama o te taitara o tēnei pukapuka. Ko te mea tuarima, he kōrero mō te mekahīti nei, mō Mumupai, ahakoa nō te rua tekau tau ki muri. Ko te mea tuaono, he pakimaero mō tētahi tokowhā me ngā piki, me ngā heke e hāngai ana ki a rātou. Ko te mea tuawhitu, he kohikohinga pakimaero poto nō roto i tētahi tāone. Ko te mea tuawaru, he pakimaero mō tētahi whānau kua whai rawa me ngā raruraru e whai ake ana. Ko te mea tuaiwa, ko tētahi pakimaero mō tētahi pā hao ika iti (ko te *chemmeen* he momo kōura); he tino rongonui tēnei tuhituhinga i Īnia (tirohia a *Dattaray*, 2020). Ko te mea tekau, ka whai i ngā whānau e whā, me ngā mahi a tētahi wahine e kimi ana i tētahi tāne tau mā tana kōtiro. He toma, he puru tatau te pukapuka nei, arā, e neke atu ana i te 1300 whārangi te roa, engari he rawe tonu. Ka mea atu te kaituhi, a *Vikram Seth*, i te tau 2009 e tuhituhi ana ia i tētahi pukapuka e whai ake ana, ka kīia ko *A suitable girl,* heoi anō kāore anō au kia rongo i tētahi paku aha mō tērā pukapuka rā.

Ko te katoa o ēnei pukapuka, he tino pai te takoto o te kupu. Ka mārama au ki ngā horopaki; ka kitea ērā horopaki ki roto i taku hinengaro hei whakaahua. Ko ētahi, he uaua te kite i te ia o te kōrero, arā, kāore e taea te matapae ka ahatia i ngā upoko e whai ake ana; he pai ake tēnā āhuatanga ki a au. Ka mau tonu ngā pukapuka ki roto i te hinengaro, ā, ka hoki atu anō au ki te pānui i ērā pukapuka.

Nā, ka haere au ki tētahi hui i *Mysore* (*Mysuru* ināianei) ki *Karnataka*. Ka kī mai tētahi o ōku hoa me peka atu ia ki te kāinga o mua o tētahi kaituhi rongonui, o *RK Narayan* (ka mate ia i te tau 2001), nō te mea kua huri tana kāinga hei whare pupuri taonga. Ka kitea te whare nei ki te Kūkara, ā, ka haere au mā runga i te rikitō. Ka tae atu au, ka kitea kua katia te whare rā ki ngā manuwhiri. Kāore he kōrero e whakamārama ana i te wā i katia ai te whare, te take rānei i katia ai te whare. Ka pokea au e te pōuri, e wareware haere ana i a Īnia ōna ake kaituhi rongonui?

Te Hua o te Pukapuka

Ko au tētahi e tino whakapono ana ki te hua o te pukapuka. He mātauranga, he akoranga, he oranga kei roto i te pukapuka, i te tuhituhinga hoki. Ko te kaituhi pukapuka, he tino toa. Me whakanui ngā tohunga kaituhi, ahakoa nō whea. He poto rawa te noho a te tangata ki runga i te mata o te whenua.

Ki a au, kāore pea e taea e te tangata te toro atu ki te tekau mano pukapuka i ngā rā o tōna ao. E hia kē ngā pukapuka reo Pākehā hou e puta mai ana ki roto i te tau kotahi? E hia kē ngā miriona pukapuka kei ngā whare pukapuka nui? Ko tā te tangata, he aro kē atu ki ngā pukapuka pai. Hei aha rā ngā pukapuka kāore nei e whai hua. He kaiako au; ko tētahi mahi nui a te kaiako ko te tohu atu ki ana ākonga ngā pukapuka, ngā tuhituhinga hoki e whai hua ana (pēnei i tēnei pukapuka!).

Ngā Ipuka

Nō te tau 2011, ka whakatau au ko te ipuka te tūmomo pukapuka o te wā e haere mai ana, ā, ka huri kē au ki te hokohoko i te ipuka, kātahi ka whakaurua ki te iPapa, ki taku rorohiko hoki. Ka hoko tonu au i ngā tānga pukapuka i te kore o tētahi ipuka o taua pukapuka rā. E whakaae ana au ki a rātou e mea ana he ngāwari ake te pānui i te tānga pukapuka, tērā i te ipuka. Engari, ka pai ake ngā mata o ngā iPapa i ia tau, i ia tau. E hia kē ngā ipuka ka taea te whakauru ki te iPapa kotahi. I te nuinga o te wā, he iti iho te utu o te ipuka i te tānga pukapuka, engari ko ētahi o ngā ipuka mātauranga reo, ipuka whare wānanga hoki, he kino tonu te utu! Ko ētahi o ngā ipuka ka heke rawa te utu i te tau tuarua, i te tau tuatoru rānei i muri mai i te putanga mai.

Kia waiho ake te pukapuka nei ki tana pae pukapuka, kia whakaweto rānei i te iPapa, kia kōrerotia ai te ahurea i te wāhanga e whai ake nei.

Te Ahurea

Te Ahurea o Aotearoa

KO TE AHUREA, HE TŪMOMO ĀHUATANGA KA AHU MAI I TE hapori o te tangata me ana akoranga. I Aotearoa nei, ka taea te wāwāhi te ahurea Pākehā i te ahurea Māori, ahakoa kua uru mai ētahi āhuatanga ahurea o te ao Pākehā ki te ao Māori, me ētahi anō āhuatanga ahurea i ao Māori ki te ao Pākehā. Ko te nuinga o tātou, o ngāi Māori, he whakapapa Māori ō tātou, he whakapapa Pākehā hoki, he whakapapa tauiwi rānei ō tātou, nā reira ka whakawhitiwhiti i ēnei ao e rua, engari ehara tērā i te mahi taumaha.

Nā, ko te waka hari i te ahurea, ko te reo. Ko te reo Pākehā o Aotearoa, he nui kē ngā kupu i ahu mai i te reo Māori. Ahakoa ka tae te reo Pākehā ki whea, ko tana mahi, he tāhae, he whānako, he mino kupu hoki hei whakawhānui i te puna kupu. Ka pēnei tonu tā te reo Māori tiki kupu; he waihanga kupu mō te ao hou nei, ā, ko te nuinga nō te reo Pākehā. Heoi anō kāore au i te tino mōhio mehemea e mārama ana te iwi whānui ki te hua o te reomahatanga.

Ko te whānau te tūāpapa o te ahurea. I ngā wā o mua, e nui ana ngā whakapaparanga i te kāinga kotahi, engari ināianei, e tokoiti haere ana pea te nuinga o ngā whānau Māori. Whakaarohia te mahi a te whānau, arā, ka kaha tonu ki te huihui i te wā huritau, i te wā mārena, i te wā ka puta i te kura, i te wā e hui ai te hapū, te iwi rānei, i te wā karakia, i te wā māuiui, i te wā taumaha, i te uhunga, i te aha atu rānei. Ka whakatūria ēnei momo hui ki whea? Ki te kāinga, ki te kura, ki te hāhi, ki te marae, ki ngā wāhi tapu. He aha hoki ngā mahi ngahau, ngā mahi hākinakina a te whānau? Ko te kapa haka, ko te hoe waka, ko te hī ika, ko te haere rānei ki tātahi, ki te ngahere, ki whea (ki Īnia) rānei. Ka ahatia te tikanga Māori o ngā whānau mēnā he tauiwi tētahi o ngā matua? He aha ngā wawata o ngā mātua, o ngā tūpuna mō ngā tamariki, mō ngā mokopuna? Ka taea rānei e te whānau te whakatutuki ērā wawata? Ki a au ka riro mā te whānau e waha, e whakaako hoki te ahurea.

Ko te marae pea te wāhi ka tino wehewehe i te ahurea Pākehā me te ahurea Māori i Aotearoa nei. Ahakoa te hekenga nui o te iwi whānui ki ngā tāone, ko ētahi o tātou e āhei tonu ana ki te hokihoki atu ki ngā tūmomo hui o te marae. Ko ētahi anō, he marae tō rātou kei te wāhi mahi, arā, kei ngā kura, kei ngā whare wānanga, kei whea rānei. Ko ētahi atu anō, ka tautoko i ngā marae o te tāone. E waimarie ana au, ko taku whānau he whānau kaha tautoko i ngā mahi a ō mātou marae. Kua tūtakitaki au ki ētahi kaiako Māori (he reo Māori tō rātou) kua tupu mai i te tāone, kāore kau he paku hononga ki tētahi marae, ahakoa e mōhio ana rātou ki ō rātou whānau, ki ō rātou hapū, ki ō rātou iwi hoki.

Ko te tuakiri o te tangata, he wāhanga nō te ahurea. E rua ngā rangahau tuakiri Māori (*Matika, Houkamau, & Sibley* 2020, *Beltran-Castillon, Smith, & Tibble* 2019) ka tino tohu i te wāwāhinga o ngā karangatanga o te tuakiri Māori i roto i te ao Māori. Kāore au i te āta matapaki i ērā rangahau ki konei, engari ki a koutou e matatau ana ki te ao Māori, e kore e ohorere ki ngā otinga o ngā rangahau nei, pēnei i te mōhio ko tētahi o ngā āhuatanga nui o te tuakiritanga, ko te whakapono. E kaha mōhiotia ana te nui o ngā whakapono Māori i mua i te taenga o tauiwi, me ngā momo whakapono Karaitiana Māori e whāia nei e te iwi Māori i ēnei wā tonu. Ā, ko ētahi anō he whakapono kore, he hāhi kore, engari kāore i te whakahē ngā mahi me ngā karakia a te hunga whakapono. Kei te kī noa au e nui haere ana te hunga Māori kāore nei ōna whakapono, ōna hāhi rānei.

He toa, he tohunga, he rangatira hoki kei ngā ahurea katoa. Ko ētahi o ōku ake tino tangata nō te ao Māori, ko Tāwhiao rāua ko Apirana Ngata. Ko aku tino toa e ora tonu ana i tēnei wā, ko *Graham Hingangaroa Smith* rāua ko *Linda Tuhiwai Smith*. Kei roto i taku whānau, he tāngata anō, he tino tauira anō hoki nō te ahurea Māori (kāore au mō te whakaingoa i a rātou). Kāore e kore kei ia ahurea ōna ake tino tāngata.

Kia puta atu te tangata ki tāwāhi, ka tūtaki ia ki ngā ahurea e rerekē rawa atu ana i ōna. Ka whakaaroaro ia ki te ahurea, ki ngā painga o tōna ake ahurea, ki ngā mea hoki o tōna ake ahurea me whakapai ake.

He nui ngā tuhituhinga, ngā pukapuka mō te ahurea. Ka pai au ki te pukapuka a *Henrich* (2020) *The WEIRDest people in the world: How the west became psychologically peculiar and particularly prosperous* (engari he nui ngā whakapae a *Henrich* kāore e whakaaetia ana e au). Ko ētahi atu kaituhi pai mō te kaupapa nei, ko *Jared Diamond* rāua ko *Yuval Noah Harari* (ahakoa ko te hītori kē te aronga o ēnei kaituhi nei). Ka mutu i konei tēnei pitopito kōrero mō te ahurea Māori. Ki a au, ki te tino mōhio koe ki te reo Māori, ka mōhio hoki ki te ahurea Māori. Ka huri au ki te ahurea Īnia i te wāhanga e whai ake nei.

Te Ahurea o Īnia

Ko te tikanga, he nui ngā momo ahurea i te whenua o Īnia, nō te mea he nui ngā whakapono, he nui ngā reo, he nui ngā momo tāngata i Īnia i ahu mai ai i waho i ngā rautau, i ngā manotau kua pahemo. Kua nui ngā momo emepaea kua ara ake, kātahi ka heke iho, ka ngaro noa atu ai. He nui ngā iwi tāmi i ētahi atu. Nō Ūropi ēnei momo iwi i ngā rautau tata nei. Ahakoa e pēnei ana mai i te tau 1947, te tau ka whakahokia te tino rangatiratanga ki a Īnia e taea ai te kī he ahurea Īnia ake. I tika kē kia pērā i mua i te panatanga o te hunga Piritene.

Ka kitea te ahurea Īnia ki ngā momo tuhituhinga Īnia, ki ngā āhuatanga o ngā tāngata Īnia. Ko ōku hoa Īnia, he tino whakahīhī ki tō rātou Īniatanga, ā, ko ētahi, ka kī

mai ki a au me noho tonu te tangata Īnia ki roto tonu i a
Īnia kia kīia ai he tangata Īnia tūturu.

Te Whakapono Īnia

He rongonui a Īnia mō ngā whakapono. E whā ngā
whakapono nunui, arā, ko te Hinirū (Hinitū) *Hindu*, ko te
Pūtā (*Buddha*), ko te Hēina (*Jain*), me te Hīki (*Sikh*). He
nui tonu ngā Karaitiana, ngā Muhirama, ngā whakapono
iwi taketake, ngā aha atu rānei. Tokoiti ngā tāngata kāore
ō rātou whakapono, e māia ana rānei ki te whāki atu i te
korenga o ō rātou whakapono. Ko ētahi, ka kī mai ki a au,
ahakoa he whakapono ō te whānau, kāore rātou i te kaha
whai atu, ā, ki a au, hei tōna wā, ka tokomaha haere ērā
momo tāngata.

Ko te nuinga o ngā tāngata o Īnia, he Hinirū (kei te
takiwā o te 80 ōrau). He nui ngā peka Hinirū (e nui ake
ana i ngā peka o te Karaitiana), ngā whakaaro wairua,
ngā tikanga tawhito. Kāore kau he tino pirihi, he tino
whakahaere, he tino poropiti, he tino pukapuka tapu
kotahi. E ai ki ētahi Hinirū, he nui ngā momo atua; ki
ētahi atu, he maha ō te atua whakatinanatanga; ki ētahi
kē atu, kāore kau he atua. He rerekē te Hinirūtanga o tēnā
rohe, o tēnā rohe, o tēnā herenga pori, o tēnā herenga
pori. E ai ki ētahi, me whānau mai hei Hinirū, arā, kāore e
taea te hono ki tēnā whakapono i a koe e ora ana. Ko
ētahi, ka whakapono ki te nui o ngā whānautanga mai o
te tangata kotahi (arā, ka whānau mai, kātahi ka mate
atu, ā, ka whānau mai anō hei tangata kē atu, ka mate
atu ai, ka whānau mai anō, ā haere ake nei). Ko ētahi o

ngā rōpū Hinirū, e whakaae ana ki ngā whakapono katoa, arā, mā te tangata anō tōna ake whakapono e whakatau, e whai atu rānei. Ko ētahi o ngā rōpū Hinirū, e akiaki ana i ngā tāngata katoa o Īnia ki te huri ki te Hinirūtanga.

Nā, he nui ngā temepara Hinirū. E whitu rau ngā temepara Hinirū i *Bhubaneswar*. I ētahi o ngā temepara tapu, ko te Hinirū anake e wātea ana ki te uru atu. Ki taku mōhio, ko ētahi o ngā temepara he mea e hāngai pū ana ki te atua kotahi. Kei ētahi temepara ētahi momo pirihi hei mahi *puja* (karakia) mō ngā tāngata e hiahia ana ki tērā āhuatanga. Ko ētahi o ngā pirihi, ka tono kia utu nuitia i muri mai i te *puja*, nō reira kia tūpato i tō haerenga ki ngā temepara. Ka mīharo au ki ngā hanganga temepara tawhito, engari ehara au i te tangata ka kaha pekapeka atu ki ngā momo temepara.

Ka paku pātaitai atu au ki ētahi o ōku hoa mō tō rātou māramatanga ki te whakapono Hinirū, engari ko te nuinga, kāore i te kaha whakahoki kōrero mai. Tērā pea e whakapono ana rātou mō ngā tāngata o Īnia kē ērā momo māramatanga. He hoa anō ōku nō ērā atu whakapono Īnia, ā, ko tā rātou kai, ko ā rātou tikanga tūtakitaki tāngata he tino rerekē, engari he hoa pūmau tonu.

Kia whakaotia ai te pane uruwhenua kia uru atu ki Īnia, me tuhituhi atu tōu ake whakapono, te whakapono hoki o ō mātua me ō mātua tūpuna. He ngāwari noa ki a au, nō te mea he Karaitiana te katoa, engari ko ētahi kāore i te kaha whai atu.

Ko taku ingoa whānau, he ingoa Katorika-Airihi. E

tika ana tērā i te mea he Katorika-Airihi ētahi o ōku ake tūpuna. Ko taku teina tētahi kua tapaina ki tētahi ingoa Māori. Ki a au, he pai tonu ki a au kia *Peter*, kia Pētera, kia Pita, kia Peta, kia wai ake rānei au (ko *Pete* ki taku whānau, ki ōku tino hoa). Tokorahi ngā tāngata kua huaina ki a *Peter Keegan*, ka mutu, ka pērātia ētahi o aku whanaunga, engari kotahi te *Peter J Keegan* i whānau mai ai ki *Stratford* (Taranaki, Aotearoa) i te tau 1964. Ahakoa kua tae au ki whea, ka whakamahia te karanga o *Peter*, engari he uaua kia whakahua te hunga nō Īnia i tērā ingoa mēnā kāore anō kia waia haere ki ngā oro o te reo Ingarihi ki Aotearoa.

Ka paku aroha hoki au ki ngā tāngata he ingoa Māori tino roa rawa ō rātou e hiahia ana ki te tipi haere i waho o Aotearoa. Ka raru tonu te puka rēhita, te whakawhitiwhiti kōrero hoki ki te hunga kāore i te mōhio ki te whakahua i tōu ake ingoa.

Ko tētahi āhuatanga nui o te Hinirū, ko te herenga pori. Ka kōrerotia tēnei kaupapa i te wāhanga e whai ake nei.

Te Herenga Pori

Ko te herenga pori (tātai umanga, kāihe, kāehe rānei) tētahi mea nui i te whenua o Īnia. Ka ahu mai tēnei āhuatanga i ngā tuhituhinga tawhito o Īnia. Ka ahu mai te kupu 'kāehe' i te kupu Potukara *'casta'*, arā, he tūmomo tangata, he tūmomo kararehe rānei. Ahakoa te whakamahia o te kupu 'kāehe' ki Īnia, he kupu kē atu ki roto i ngā reo o Īnia.

E whā ngā peka nunui o te herenga pori. Ko ngā *Brahmin* (ngā pirihi), ka tahi; ko ngā momo kaiwhakahaerenga a te kāwanatanga, ko ngā toa hoki, ka rua; ko ngā ringatoi, ko ngā tangata pakihi, ko ngā kāmura, ko ngā kaipāmu hoki, ka toru; ko ngā tāngata ringa rehe, ka whā. Ko ngā iwi taketake, arā, ko te hunga tē pāngia (ko ngā *Dalits*), ka noho i waho, me kī, i raro i te wehenga nei, koia ngā iwi ka pēhia, ka tāmia e ngā herenga pori katoa. Ko te tikanga he mano ngā momo herenga pori ki Īnia, ā, ko te nuinga e hāngai ana ki tētahi tūranga mahi.

Kia whānau mai tētahi ki roto i te herenga pori, kāore e whakaaetia te wehe atu. Katoa mai ngā āhuatanga o te tangata i ēnei herenga pori, me ahu mai i roto i tana herenga pori, arā, me mārena i tētahi atu nō tōna herenga pori, ko ōna hoa katoa, ko āna mahi, ko āna hākinakina hoki, me ahu mai i tōna ake herenga pori. Ahakoa i ahu tēnei momo herenga pori i te whakapono Hinirū, ka kitea nei ki ngā momo whakapono katoa i Īnia, i ētahi atu wāhi hoki o Āhia.

I te whakatūnga o te kāwanatanga Īnia, he nui ngā kaupapa here i whakatū ai rātou hei āwhina i ngā momo herenga pori e pēhia ana. Nā runga i tērā, kāore e whakaaetia ana te pēhitanga o tētahi herenga pori, ahakoa te aha. He tūranga motuhake ināianei mō rātou i roto i ngā mahi kāwanatanga, i roto i ngā whare wānanga, i ētahi atu hoki o ngā whakahaerenga.

Ko te ingoa tonu o ngā tāngata Īnia, he tohu i ōna ake whakapono, o tōna ake herenga pori. Kua rongo kōrero au mō ētahi ka tīni i ō rātou ingoa kia hunaia ai tōna herenga pori ake, mā reira ka ngāwari te whai mahi, te noho ki waho atu i tōu ake herenga pori, te mārena rānei i tētahi nō herenga pori kē atu. E kīia ana i te wā o te pōti, kāore koe e 'kāehe' i tō pōti, ka pōti kē i tō kāehe!

Ka mau tonu te herenga pori ki Īnia. Kei reira tonu ētahi e whakaiti ana, e tūkino ana hoki i ngā iwi taketake, i te hunga *Dalit*. He uaua ki a tātou, ki te rāwaho kia tino mārama ki te hōhonutanga o te wehenga herenga pori ki Īnia. He nui ngā kōrero mō ēnei āhuatanga ki roto i ngā pukapuka kua whakarārangitia e au. E kore rawa pea au e tino mārama ki ngā āhuatanga o te herenga pori, engari he wāhanga tonu i Īnia tē taea te karo. Ka anga kē atu ki ētahi atu o ngā wehenga o Īnia i te wāhanga e whai ake nei.

He Nōta te Nōta, he Hauta te Hauta, Kāore Tētahi mō te Hono ki Tētahi

Kotahi noa te wehewehenga matua ki Īnia, ko te wehenga i waenga i te nōta ki te hauta. Kei te hauta te nuinga o ngā reo *Dravidian* (ko te reo *Tamil,* ko te reo *Telugu,* ko te reo *Kannada,* ko te reo *Malayalam* me ētahi atu). Kāore te nuinga o ēnei i te whakaae kia noho te reo *Hindi* hei reo ā-motu mō rātou. E ai ki ngā kōrero, he pai ake ngā āhuatanga o te mātauranga, o te hauora, o te noho hoki a te tangata i te hauta. Ki ētahi, he rerekē te āhua o te tangata o te hauta. He nui ngā pikitia, ngā waiata hoki ka puta mai i ngā reo o te hauta. He rerekē ngā herenga pori i te hauta. Ki ētahi, he pai ake ngā mahi tūruhi i te hauta; ki a au, he pai ake ngā taha moana i te hauta. He rerekē ngā kākahu me ngā kai i te hauta. Ki a au, he rerekē hoki ngā waiaro o ngā tāngata o te hauta. He kaha rātou ki te haere ki tāwāhi, ki Āhia, ki ngā whenua o te Rāwhiti-Waenganui hoki mahi ai. Ki ētahi, ka whakaitia te hunga hauta e te hunga nōta.

He wehewehenga anō i Īnia kāore i te tino kōrerotia. Ko ngā rohe o te *Uttar Pradesh* (*UP*) me te *Bihar* he rerekē i ētahi atu wāhi o Īnia. He wāhi pai mō te whakatupu kai, he wāhi hoki kua kikī rawa i te tangata, ā, e nui haere tonu ana te tatau o te taupori. He wāhi tino pōhara, he wāhi kaha hoki ki te pupuri i ngā tikanga tawhito kua tukuna iho i ngā ahurea o mua, he wāhi e kaha pēhi ana i ngā herenga pori o raro atu i a rātou. Hāunga rā ēnei wāhi e rua o Īnia, kei te iti haere te whānautanga o te tamaiti i te nuinga o Īnia, pēnā i ngā whenua katoa o te uru. He nui ngā tāngata nō ēnei rohe kua puta atu ki waho, ki ngā tāone nui ki reira kimi mahi ai. He wāhi tūruhi i ēnei rohe, engari kāore anō au kia tino taetae atu ki ēnei rohe. Ka huri anō te kei o te waka o tēnei pukapuka ki te wāhanga e whai ake nei, ki tētahi tupua e mōhio ana au.

Ko Ganesh Devy, he Tupua

He tupua a *Ganesh Devy*, he tangata rongonui hoki ia nō Īnia, he hoa hoki ia nōku. Ka whānau mai ia i te tau 1950. He kaiwhakatutū ahurea ia, he kaiarotake tuhituhinga, he ahorangi reo Pākehā hoki ia i tētahi whare wānanga ki *Baroda* (*Gujarat*) i ngā tau o mua. He kaituhi ia i te reo *Marathi*, i te reo *Gujarati* me te reo Pākehā. Nō te tau

1996, ka wehe atu ia i tana whare wānanga ki te mahi tahi ki ngā iwi taketake, ki ngā *Adavasi* o Īnia. Ko ia tētahi nāna nei te *Bhasha Research & Publication Centre* i whakatū, nāna hoki te *Adivasi Academy* (*Tejgadh, Gujarat*) i whakatū (he whare wānanga tēnei mō ngā iwi taketake e noho ana ki *Tejgadh*).

He ōrite te āhua o *Ganesh* ki te āhua o ngā tāngata Īnia o tana pakeketanga. He poto ia, kei te porohewa haere, kei te nui haere te puku, ahakoa ehara ia i te tāne tino momona. He kanohi atawhai, he kanohi hūmarie hoki tōna. Ka āta kōrero ia, ā, kāore anō au kia rongo i a ia e kohete ana. Ko te hūmarie te kupu pai hei whakarāpopoto i tana āhua. Ka mau tarau roa (nō te hūtu) ia me tētahi hāte kua āta haeanatia, arā, ko ngā kākahu o ngā tāne o te uru. Kei ngā pae pāhopori, ngā niupepa ētahi pikitia pai o tōna hanga.

Nā, ka haere au ki te hui tuatahi o te *International Conference on Language Documentation and Conservation* ki *Honolulu* i te marama o Māehe, 2009 (e haere tonu ana tēnei hui i ia tau taukehe, i ia tau taukehe). Ko te kaupapa o taku kōrero, ko te rerekē o te whakaora i te reo Māori i Aotearoa (he kauwhau noa tēnei; kāore au i tuhituhi, i whakaputa). Te āhua nei, he pai taku kauwhau nō te mea ko te *Consortium on Training in Language Documentation and Conservation* (ki taku mōhio kua kati tēnei rōpū ināianei) ka tono i ahau kia haere ki tētahi hui i *Tokyo* i te Noema o te tau 2010. Nā te rōpū nei aku nama haerenga katoa i utu. I iti iho i te whā tekau tāngata ka tae ki taua hui i ngā tōpito katoa o ao. Kua wareware i a au te tino kaupapa o taku kōrero, engari ka maumahara au ka tīmata au i aku kōrero ki tētahi kōrero katakata, ā, ko ngā tāngata nō Ahitereiria anake i katakata (ko tētahi o ngā tāngata nō Ahitereiria i tae atu ai, nāna nei i whakatū te hui nui mā ngā iwi taketake o Ahitereiria e kīia nei ko te *Puliima* – i rawe rawa atu hoki tērā hui). I tūtaki au ki a *Ganesh Devy* ki *Tokyo* i tērā hui. I taua wā tonu, kāore au e mōhio ana he tangata rongonui a *Ganesh* i tōna ake whenua, i waho kē atu hoki.

Nā *Ganesh* au i tono kia tae ā-tinana atu ki te huinga o te *Chotro* tuawhā (*Davis*, 2019) i tū ki *Vadodara* me *Tejgadh* (*Gujarat*) i te tuaono ki te tuawaru i te marama o Hānuere i te tau 2012. I neke atu i te kotahi rau ngā hui nui pēnei kua tauria e au i ngā kokonga o te ao, engari ko te *Chotro 4* te hui pai katoa o aku hui katoa. Kāore anō au kia tae atu ki tētahi atu hui e pēnā ana te pai. Kāore au e mōhio ana ki te tatau o ngā tāngata i tae atu rā, engari i neke atu i kotahi mano. He hui nui tēnei mā ngā tāngata o Īnia e aro ana ki ngā iwi taketake. Ko tētahi mea mīharo ki a au, ko te nui o ngā tāngata o Īnia e mōhio ana ki ngā mahi whakaora i te reo Māori i Aotearoa, nā reira e tino hiahia ana rātou ki te kōrero ki a au, ā, ka tonoa au e rātou kia haere au ki ō rātou whare wānanga ki reira kauwhau ai. He waimarie nōku, kua tutuki i a au ētahi o ērā tono i ngā tau o muri mai. Ko ētahi o ngā tangata o Īnia nō te hui nā, ka noho tonu hei hoa mōku tae noa mai ki tēnei rangi tonu.

I te takiwā o te 960 ngā momo reo taketake rerekē i tae atu ai ki te hui! Kāore i eke ki te kotahi mano. Ko tētahi o tērā kaute, ko te reo Māori, ā, ko au tōna māngai, he nui taku whakahīhī. Ki a au, ko te tino hua o ēnei momo huihuinga, ko ngā whakawhitiwhiti kōrero i waho atu i ngā wā kauwhau, i ngā wā ōkawa hoki. Nā, ka mutu ana ngā kauwhau mō te rā, ka haere tahi ngā kaiwhakahaere, ngā manuwhiri tūārangi hoki ki ētahi wāhi kai ki reira kai ai. I pēnā au, ahakoa te ngenge, te aha atu rānei, nā te mea ka tino whai hua ēnei momo mahi.

I te taenga atu ki tāku ake kauwhau, ka pātai au ki te kaiwhakahaere o Īnia, "Me pēwhea te roa o taku kauwhau?" Ka whakahokia e ia, "Ko koe tētahi o ngā kaikauwhau matua, nō reira kei a koe te tikanga!" Engari kāore i tino roa taku kōrero.

I tētahi rā o te hui, ka tae katoa mātou ki te *Adivasi Academy* (*Tejgadh, Gujarat*) mā runga i tētahi pahi nā ngā kaiwhakarite hui anō i whakarite. I a au i reira, ka kite au i tētahi papa kōrero (he kōhatu) e kī ana nā te ahorangi *Graham Hingangaroa Smith* te *academy* i whakatuwhera (i tētahi tau o mua, kua wareware i a au te tau). Ki taku mōhio, kua tūtaki anō a *Ganesh* ki a *Linda Tuhiwai Smith* i ngā tau o mua. I taku whare wānanga a *Graham* rāua ko *Linda* e whakaako ana i ngā tau o mua, ā, he taonga rāua tahi ki te ao Māori (kua mōhio kē au kua tae kē atu rāua ki Īnia).

Ka tino mīharo au ki a *Ganesh* me tana mahi i te hui nei. He nui ngā tāngata rongonui o Īnia, o waho nei hoki nāna āno i whakakaokao mai ki taua hui. Ko te kaituhi, ko *Bhalchandra Nemade* tētahi (e warowaro ana tōna reo i te wā e kōrero Pākehā ana ia, nā reira kāore au i paku mārama ki ana kōrero; i tōna tikanga, kua waia kē au ki te reo Pākehā o Īnia), ko te kaituhi, ko *Mahasweta Devi* tētahi (kāore au i te mōhio i taua wā ki tana rongonuitanga), ko wai ake, ko wai ake. I te wā e noho tahi ana mātou ko *Ganesh*, ka tangi tana waea i ia rua tekau hēkona, i ia rua tekau hēkona, ā, ko te nuinga o te wā, ka tukuna atu ia i tana waea ki tētahi atu hei whakautu i tana waea. I te hui te whānau o *Ganesh* hei āwhina i a ia, ā, ko tana kōtiro tētahi kaiwhakataki i te hui nei; he rawe noa atu tana mahi, he koi hoki, he ātaahua hoki te kōtiro rā.

Ko tētahi mahi nui i te hui, ko te whakarewa i *The People's Linguistic Survey of India (PLSI)* nā *Ganesh* anō tēnei mahi i whakatū, i whakahaere. E toru mano, e rima rau ngā kaimahi (utu kore) i te uiuinga nō ngā pito katoa, nō ngā kokonga katoa o Īnia. E kī ana te uiuinga e whitu rau, e waru tekau ngā reo i Īnia. E toru tekau mā rima mano ngā whārangi o te uiuinga. Kua puta kē atu te nuinga hei pukapuka, engari ko ētahi kāore anō kia puta mai i tēnei wā tonu. Ko taku mahara, ko te kore pūtea te tino raruraru. Kāore e taea te kōrero mō te pono o te uiuinga nei, engari he pīki mahi, he mahi mīharo hoki; me mihi ki a rātou, ka tika.

I tētahi pō o te hui nei, ka huihui mai mātou ko ngā rāwaho, ā, ko *Ganesh* te kaupapa o te kōrero. E whakapae ana tētahi mātanga reo (nō Amerika, engari kei Parīhi e noho ana, e rangahau ana) he tangata kūru a *Ganesh*. Ka whakaae katoa mātou ki a ia, arā, ehara i te kūru whakapono (kāore rawa a *Ganesh* i te whakaae ki tērā kupu mōna), engari he momo tohunga kē ia.

Nā, ka haere au ki tētahi atu hui i Īnia kua whakaritea e ngā kaiwhakahaere he kūru tūturu hei whakatuwhera i te hui. I te tīmatatanga o te hui, ko te mahi a te kūru, ko te whakakā i ētahi rama, ko te taki karakia hoki. He hui iti tēnei, nā reira ka whai wāhi au ki te kōrerorero ki te kūru nei (kāore au i te whāki atu i tana ingoa). He tangata pai ia, i raro iho i te whā tekau tau te pakeke, he pukapuka pū-āio (*yoga*) tāna (ko te aronga o te pukapuka, ko te taha wairua; ka aro kē te pū-āio i Aotearoa nei ki te taha whakatikatika i te tinana). He apataki āna hei āwhina i a ia. Tokorua rāua, ka mutu, he wāhine te tokorua. Ko tētahi e pakeke ake ana i a ia; ko tētahi e tamariki iho ana i a ia. Nō Neporo te tokorua. He atua kē te kūru ki a rāua, ki ngā apataki katoa hoki. Me uaua ka kitea te tāne ka ū ki te huarahi tika i tēnei momo noho. He tūturu, he pono tēnei kūru? Wai ka hua, wai ka tohu.

He nui anō ngā kōrero mō *Ganesh* kei te ipurangi, kei ana pukapuka maha, kei ngā ngutu hoki o ngā tāngata o Īnia. Ka mīharo tonu nei au ki te tangata me ana mahi huhua. Kāore kau he hui *Chotro* anō i muri mai. Ki taku rongo, i whakawhiwhia te hui nei (*Chotro 4*) ki tētahi pūtea nui nō tāwāhi. Ko te iti o ngā pūtea nui mō ngā hui pēnā te rahi, he raruraru nui ki Īnia.

He hoa Īnia anō ōku e pēnei ana te pai ki a au nei, engari kāore e taea te whakawhānui ngā kōrero mō rātou i tēnei wā tonu. I konei, ka hoki au ki te rāwhiti o Īnia, ki tētahi wāhi tino pai ki a au i te wāhanga e whai ake nei.

Ko Santiniketan, te Nohoanga o te Āio

He wāhi rongonui a *S(h)antiniketan* i *Bolpur* (kei te nōta o Karakata). Ko te tikanga o te ingoa nei, ko te nohoanga o te āio. Nā *Debendranath Tagore* (ko te matua o *Rabindranath Tagore*) tētahi whare manuwhiri i whakatū. Nā *Rabindranath Tagore* te whare wānanga o *Visva-Bharati* i whakatū. Nō te tau 1951, ka whakamanatia te whare wānanga e tētahi ture o te pāremata o Īnia. Kei te whare wānanga nei ngā momo wāhanga ako maha, ngā whare ako maha, ngā whare punanga maha hoki.

Ko ētahi o ngā tāngata rongonui i ako ki *Santiniketan*, ko *Mahasweta Devi* (he kaituhi rongonui) rātou ko *Satyajit Ray* (he kaiwhakaputa pikitia), ko *Amartya Sen* (he kaimātai oha, tirohia tana tuhinga mahara, Sen 2021), ko ētahi atu anō hoki e rongonui ana i Īnia.

Ko *Bolpur*, he tāone iti e tata ana ki *Santiniketan* (te ingoa ināianei mō te whare wānanga me ērā atu momo whare). He teihana rerewē kei *Bolpur*, nō reira he ngāwari noa te haere ki reira mā runga tereina i Karakata. Ka tae atu ki te *Visva-Bharati* mā te rikitō, mā te paihikara rānei.

He waimarie nōku, he hoa ōku kei *Santiniketan* e whakaako ana. I ngā wā ka taetae atu au, nā rātou au i tiaki, i hari hoki ki ngā wāhi rongonui, ki ngā wāhi kai pai. E tika ana te kī he wāhi āio tēnei wāhi. I tētahi rā i a au i reira e whai ana i ngā tohutohu mapi Kūkara, ko te whāinga kia porowhita haere taku hīkoi, engari i hē rawa ngā tohutohu a Kūkara (ka tohu mai i te rori engari ka mutu te rori i tētahi whare). Ko te tuawhenua tēnei, he nui ngā pā iti, ngā tāngata pai hoki; kāore rawa tētahi i paku whakahōhā i a au, he wāhi rawe tēnei ki a au. Ko te āhua pea tēnā o Īnia i ngā tau kua pahure.

Arā anō ētahi o ngā whare wānanga rongonui o Inia kei tuawhenua, kei ngā maunga rānei e tū ana. Ko

Nalanda tētahi whare ako nō te whakapono o Pūtā i tū ki *Bihar* i ngā manotau o mua. Nō te tau 2020, ka whakatūria te *Nalanda University* ki taua wāhi. Ki taku mōhio, he nui ngā raruraru mō te whakahaerenga o te wānanga hou nei, kāore anō kia tū pakari. Ki taku rongo, ko *Santiniketan* tērā e tino raru ana nā te iti o te pūtea, nā te iti hoki o te tautoko a te kāwanatanga. Ka pērā anō ngā whare wānanga o Aotearoa, o whea rānei.

Te Whakakapinga

I Karakata au i te marama o Pēpuere i te tau 2020. I te pai taku hopu haere i te reo *Bangla* me te mahi tahi ki ōku hoa i Karakata. I pai taku noho ki reira. Nā, ka puta atu te mate Kowheori (Covid-19) i Haina ki ētahi atu wāhi o Āhia. Ka kī mai ōku hoa ki a au kotahi te hōhipera pai i Karakata (i te nōta o Karakata), nā reira he pai ake tō hoki wawe ki te kāinga, ki Aotearoa nei. Kīhai i taea e au te tīni aku tīkiti waka rererangi, ā, kua whakarite au kia noho ki Hingapoa mō ngā rā e whā, nā te mea he hui whare wānanga tāku ki reira. Nā, tae rawa au ki Hingapoa, kua whakakorengia te hui nei. Ka noho herehere ētahi o ōku hoa Hingapoa ki te kāinga nā tā rātou pā atu ki ētahi atu i pāngia ai e te Kowheori. Ka tiro haere au i ngā toa, i ngā wāhi kai hoki, ā, ka whakarite au ki te hoko hū pai kia mau i te wā e mau hūtu ana au (ka mehuatia ōku waewae, ka hangaia kētia ki Witināma, i kō atu i te kotahi tau i muri mai ka tae atu ēnei hū ki Aotearoa!). Nā, ka tae ora mai au ki Aotearoa.

I a mātou o Tāmaki Makaurau e noho herehere ana ki te kāinga i te tau 2020 me te 2021, e whakaaroaro ana au tērā pea kāore au mō te hoki atu ki Īnia. Nā, ka tae tōmuri atu te Kowheori ki Īnia, ā, he tini, he mano i mate. Ka mate taku whaea i te tau 2020 i te rā o tana huritau. Nā tā mātou noho herehere, kua kore e taea te aha. Nā, ka whakatau ētahi o ōku tino hoa o Aotearoa (ko ngā mea e pēnei tonu ana ki taku pakeketanga) kia mutu te rere ki waho o Aotearoa. Tērā pea he whakatau tika tērā ki a au, ā, i tino iti kē aku putanga atu i Aotearoa.

I te mutunga o te tau 2022, ka haere au ki tētahi hui whare wānanga ki *Chennai* (ko *Madras* kē, i taku tae tuatahi atu au ki reira). Ka tae atu au ki te taunga waka rererangi i *Chennai*, he tere taku haere nā runga i ngā mahi a ngā kaiwhakahaere uruwhenua, ā, kāore he raruraru. Nā, ka tīkina e au taku pēke, ka haere ki te wāhi takihī, arā, te wāhi utu tōmua, ka utua e au tētahi takihī atu i te taunga waka rererangi ki taku hōtēra. Ka tukua taku tīkiti takihī ki tētahi kaimahi o te taunga waka rererangi (kāore rātou i te tuku hāngai ki te taraiwa o te takihī), ka haria taku pēke ki te takihī. Ka tono mai tērā kaimahi mō tana koha, ka kaha tautohetohe māua. I kī au, kua utua e au he takihī, kāore au mō te utu i tētahi tangata hari pēke. Kāore i pai tana reo Pākehā, kāore rawa au i paku mōhio ki te reo o taua wāhi, ki te reo *Tamil*. Kāore ana koha, ka haere ai māua ko te taraiwa takihī ki taku hōtēra. Ka wareware i a au he mekahīti a *Chennai*, nō reira i nui te kapinga o te rori ki ngā waka, i roa hoki te wā kia tae ki te hōtēra. I rawe te hui, i pai te kai, ngā kauwhau, ngā kaiwhakahaere hoki o te hui. Nā, i te hiahia au ki te peka atu ki te kite i ōku tino hoa Īnia i te nōta, i te rāwhiti hoki, engari he hui anō tāku ki *Albuquerque* i Amerika. Nō reira, ka mutu ana te hui, ka rere au ki Hingapoa, ki *San Francisco*, ki *Albuquerque* (ka haere kē taku pēke ki *Kansas*). Kua whakaurua e au he tūtohu hau ki taku pēke (nā te kamupene Āporo). Ka waimarie au, ka whakahokia mai taku pēke i *Albuquerque* i taua pō tonu. I pai anō taku hui i *Albuquerque*. I muri mai taku hokinga mai ki te kāinga, ka tino māuiui au. Ehara i te Kowheori; ko tētahi atu mate kino. Ka whakaaro anō au tērā pea me iti, me mutu rānei aku haerenga ki tāwāhi.

I te marama o Pēpuere i te tau 2023, i tū taku manawa; i tata mate au. Ahakoa kua pai haere au i ngā marama i muri mai, me āta tiaki au i taku manawa mō aku rā katoa e toe ana ki runga i te mata o te whenua. He take anō tēnei kia iti ake aku haerenga katoa.

Ko tāku i tēnei pukapuka, ko te kōrero i ngā painga o Īnia ki a au. Kei te tino mōhio au ki ngā taumahatanga, ki ngā raruraru nui o Īnia. Ko te iti o ngā wai māori, ko te parakino haere ki te whenua, ki ngā mekahīti, ki te taiao hoki. Ko te iti o ngā mahi pai ki ngā rangatahi, ki a rātou ka puta atu i ngā momo wānanga. Ko te iti rawa o ngā wāhine Īnia e mahi ana. Ko te pēhi tonu i te wāhine, i te iwi taketake, i te hunga *Dalit* hoki. Ko te āhuatanga whakakonuka (*corruption*) i roto i te kāwanatanga, i roto i ngā tari pirihimana, i roto hoki i ētahi atu o ngā whakahaere. He iti tonu te pūtea mō te hauora, mō te mātauranga, mō te rangahau, mō te aha atu rānei. Ka kōrerotia ēnei mea katoa ki roto i ngā tuhituhinga Īnia a ētahi atu. Nā, ko ēnei momo āhuatanga kikino, ehara nō Īnia anake, ka pā hoki ki ētahi atu whenua o Āhia, o Amerika ki te Tonga, o Āwherika, o whea rānei.

He nui ngā kaupapa kōrero mō Īnia kāore i te kōrerotia ki roto i te pukapuka nei. Kāore aku kōrero mō ngā tāngata rongonui o Īnia, mō ngā mahi toi, pērā i te kanikani, i te waiata, i te pikitia, i ngā whare mīharo, i te aha rānei. Kei ētahi atu pukapuka mō Īnia te whakawhānuitanga o ēnei kaupapa.

Ka pupū ake ngā kare ā-roto i te hokinga atu, i te rere atu ki te kāinga. Ahakoa e harikoa ana au i te hokinga atu ki te kite i taku whānau, ka tae mai ki te kāinga, ā, e mau tonu ana a Īnia ki roto i te whatumanawa.

He Rārangi Tuhituhinga Īnia, he Rārangi Ratonga Īnia

Biswas, Damyanti. (2023). *The blue bar*. Amazon Publishing.

Biswas, Damyanti. (2023). *The blue monsoon*. Amazon Publishing.

Bindloss, Joe. (2022). *Lonely planet India*. Lonely Planet.

Boo, Katherine. (2012). *Behind the beautiful forevers: life, death, and hope in a Mumbai undercity*. Scribe.

Chandra, Vikram. (2008). *Sacred games*. Penguin Books Limited.

Dalrymple, William. (1993). *City of djinns: A year in Delhi*. Indus.

Dalrymple, William. (2009). *The last Mughal: The fall of Delhi, 1857*. Bloomsbury Publishing.

Dalrymple, William. (2012). *The age of kali: Travels and encounters in India*. HarperCollins Publishers.

Dalrymple, William. (2012). *White Mughals: Love and betrayal in 18th-century India*. HarperCollins Publishers.

Dalrymple, William. (2013). *Return of a king: The battle for Afghanistan*. Bloomsbury Publishing.

Dalrymple, William. (2019). *The anarchy: The relentless rise of the East India Company*. Bloomsbury.

Dalrymple, William. & Anand, Anita (2016). *Kohinoor: The story of the world's most infamous diamond*. Juggernaut Books.

Dattaray, Debashree. (2020). A sea for encounters Changing epistemologies in T.S. Pillai's Chemmeen. In Geetha Ganapathy-Doré, & Ludmila Volná (eds.). *Proceedings of the Sari 2017 Conference on reinventing the Sea* (pp. 45-56). https://hal.science/hal-02455760

Devy, Ganesh N. (2006). *A nomad called thief: reflections on Adivasi silence*. Orient Longman.

Devy, Ganesh N. (2009). *The G N Devy reader: After amnesia, 'Of many heroes', The being of bhasha, countering violence*. Orient Blackswan.

Devy, Ganesh N. (2022). *Mahabharata: The epic and the nation*. Rupa.

Devi, Mahasweta. (1974/2014). *Hajar churashir maa (No. 1084's Mother)* (*Samik Bandyopadhyay translator*). Karuna Prakashani/Seagull.

Devi, Mahasweta. (2022). *Our Santiniketan (Radha Chakravarty translator)*. Seagull.

Hesse, Hermann. (1922). Siddhartha: An Indian poem. Rupa & Company.

Forster, E. M. (1924). *A passage to India*. Edward Arnold.

Gidla, Sujatha. (2017). *Ants among elephants: An untouchable family and the making of modern India*. Farrar, Straus and Giroux.

Gilmore, David. (2018). *The British in India: Three centuries of ambition and experience*. Penguin UK.

Guha, Ramachandra. (1999). *Savaging the civilized: Verrier Elwin, His tribals, and India*. University of Chicago Press.

Guha, Ramachandra. (2023). *India after Gandhi: A history (3rd Edition, Revised and Updated)*. Pan Macmillan.

Hopkirk, Peter (2001). *Quest for Kim: In search of Kipling's great game*. Oxford University Press.

Keay, John (2022). *Himālaya: Exploring the roof of the world*. Bloomsbury.

Keay, John (2022). *India: A history (revised edition)*. HarperCollins.

Kipling, Rudyard. (1920). *The jungle book*. Century Company.

Kipling, Rudyard. (1901). *Kim*. Macmillan.

Lapierre, Dominique. (1985). *La Cité de la joie* (City of Joy). Arrow.

Lonely Planet, Singh, S., Benanav, M., Blasi, A., Clammer, P., Elliott, M., Harding, P., Mahapatra, A., Noble, J., & Raub, K. (2015). *Lonely planet India*. Lonely Planet Publications.

March, Nev. (2020). *Murder in Old Bombay: A mystery*. St. Martin's Publishing Group.

Massey, Sujata. (2018). *The widows of Malabar Hill*. Soho Press.

Mehta, Suketu. (2006). *Maximum city: Bombay lost and found*. Penguin Books.

Mitra, Sudipta. (2017). *Pearl by the River: Nawab Wajid Ali Shah's kingdom in exile*. Rupa.

Mistry, Cyrus. (2012). *Chronicle of a corpse bearer*. Aleph Book Company.

Mistry, Rohintin. (1995). *A Fine balance*. Vintage.

Mistry, Rohintin. (2008). *Family matters*. Faber & Faber.

Mohan, Peggy. (2021). *Wanderers, kings, merchants: The story of India through its languages*. Penguin Random House.

Patel, Reema. (2022). *Such big dreams: A novel*. Random House Publishing Group.

Pillai, Thakazhi Sivasankara. (1956). *Chemmeen* (Anita Nair, *Kaiwhakapākehā*). Harper.

Premchand, Munshi. (2011). Nirmala (*Kaiwhakapākehā, kāore i te mōhio*). Cedar Books.

Premchand, Munshi. (2011). *Gaban (Kaiwhakapākehā, kāore i te mōhio)*. Cedar Books.

Rajesh, Monisha. (2012). *Around India in 80 trains*. Roli Books.

Rajesh, Monisha. (2019). *Around the world in 80 trains: A 45,000-mile adventure*. Bloomsbury Publishing.

Rajesh, Monisha. (2021). *Epic train journeys: The inside track to the world's greatest rail routes*. Die Gestalten Verlag.

Roberts, Gregory David. (2003). *Shantaram*. Scribe.

Rough Guides. (2023). *The rough guide to India*. APA Digital AG.

Roy, Saumya. (2021). *Castaway mountain: Love and loss among the wastepickers of Mumbai*. Astra Publishing House.

Ruppel, Antonia. (2017). *The Cambridge introduction to Sanskrit*. Cambridge University Press.

Rumi, Raza. (2013). *Delhi by heart: Impressions of a Pakistani traveller*. HarperCollins Publishers, India.

Satyamurti, Carole. (2016). *Mahabharata: A modern retelling*. W. W. Norton, Incorporated.

Siegel, Lee. (1991). *Net of magic: Wonders and deceptions in India*. University of Chicago Press.

Sankar. (2007). *Chowringhee (Arunava Sinha, Kaiwhakapākehā)*. Penguin.

Sen, Amatya. (2021). *Home in the world: A Memoir*. Penguin.

Seth, Vickram. (1993). *A suitable boy*. HarperCollins.

Seth, Vickram. (*In Prep*). *A suitable girl*.

Shanbhag, Vivek. (2015). *Ghachar, ghochar (Srinath Perur, Kaiwhakapākehā)*. HarperPerennial.

Swarup, Vikas. (2005). *Q & A*. HarperCollins Limited.

Suraiya, Bunny. (2012). *Calcutta exile*. HarperCollins Publishers India.

Umrigar, Thrity. (2009). *The space between us: A novel*. HarperCollins.

Viharini, J. D. (2010). *Enjoying India: The essential handbook*. Tara Satara Press Limited.

He Rārangi Tuhituhinga Reo, he Tuhituhinga mō Kaupapa kē atu

Agnihotri, Rama Kant. (2022). *Hindi: An essential grammar*. Routledge.

Anthony, Frank. (1951). *Me and Gus*. A.H. & A.W. Reed.

Anthony, Frank. (1952). *More me and Gus*. A.H. & A.W. Reed.

Banerjee, Abhijit. V., Duflo, Easter. (2019). *Good economics for hard times*. Public Affairs.

Banerjee, Abhijit. V., & Duflo, Easter. (2011). *Poor economics: A radical rethinking of the way to fight global poverty*. Public Affairs.

Beltran-Castillon, Luisa., Smith, Conal., & Tibble, Atawhai. (2019). *Ngā tamariki o Te Kupenga, Final report*. Kōtātā Insight.

Cannon, Garland H. (1990). *The life and mind of oriental Jones*. Cambridge University Press

Comrie, Bernard., Matthews, Stephen., & Polinsky, Maria. (Eds.). (2003). *The atlas of languages: the origin and development of languages throughout the world* (revised ed.). Checkmark Books/Facts On File.

Dorren, Gaston (2018). *Babel: Around the world in twenty languages*. Profile.

Easterly, William. (2021). *The tyranny of experts: economists, dictators, and the forgotten rights of the poor*. Basic Books.

Fromkin, Victoria., Rodman, Robert., & Hyams, Nina. (2021). *An introduction to language*. Cengage Learning.

George, Coulter. H. (2020). *How dead languages work*. Oxford University Press.

Henrich, Joseph. (2020). *The Weirdest People in the World: How the West Became Psychologically Peculiar and Particularly Prosperous*. Penguin Books Limited.

Ihimaera, Witi. (1973). *Whanau*. Pearson Education.

Ihimaera, Witi. (1973). *Tangi*. Pearson Education.

Ihimaera, Witi. (1987). *The whale rider*. Heinemann.

Ihimaera, Witi. (1995). *Te kaieke tohorā* (*T. S. Kāretu, Translator*). Reed.

Ihimaera, Witi. (2014). *Māori boy: A memoir of childhood*. Penguin.

Ihimaera, Witi. (2019). *Native Son: A Writer's Memoir*. Penguin.

Kolipakam, Vishnupriya., Jordan, Fiona M., Dunn, Michael., Greenhill, Simon J., Bouckaert, Remco., Gray, Russell D., & Verkerk, Annemarie. (2018). A Bayesian phylogenetic study of the Dravidian language family. *Royal Society Open Science*, 5(3), 171504. https://doi.org/10.1098/rsos.171504

Kapović, Mat. (2019). *The Indo-European languages*. Routledge.

MacAskill, William. (2022). *What we owe the future*. Oneworld Publications.

MacAskill, William. (2015). *Doing good better: Effective altruism and a radical new way to make a difference*. Guardian Faber Publishing.

Matika, Correna M., Houkamau, Carla A., & Sibley, Chris G. (2020). The revised multidimensional model of Māori identity and cultural engagement (MMM-ICE3). *New Zealand Journal of Psychology (Online)*, 49(2), 59-71.

McNeish, James. (1977). *As for the godwits …* Hodder and Stoughton.

McNeish, James. (1998). *An albatross too many*. David Ling.

Mulgan, John. (1939). *Man alone*. Selwyn and Blount.

Naipaul, V.S. (1961). *A house for Mr Biswas*. Andre Deutsch.

Naipaul, V.S. (1965). *An area of darkness*. Vintage.

Naipaul, V.S. (1977). *India: A wounded civilization*. Knopf.

Naipaul, V.S. (1979). *A bend in the river*. Picador.

Naipaul, V.S. (1990). *A million mutinies now*. Penguin.

Nasrin, Mithun B., Van Der Wurff, W. A. M. (2015). *Colloquial Bengali*. Taylor & Francis.

Newby, Eric. (1958). *A short walk in the Hindu kush*. Secker and Warburg.

Ohala, Manjari. (1994). Hindi. *Journal of the International Phonetic Association*, 24(1), 35-38. doi:10.1017/S0025100300004990

Ostler, Nicholas. (2006). *Empires of the word: A language history of the world*. Harper Perennial.

Singh, Rajendra., Agnihotri, Rama Kant. 1997. *Hindi morphology: A word based description*. Motilal Banarsidass.

Snell, Rupert. (2014). *Get started in beginner's Hindi: Teach yourself*. Teach Yourself.

Weightman, S., & Snell, Rupert. (2017). *Complete Hindi beginner to intermediate course: Enhanced ebook*. John Murray Press.

Theroux, Paul. (2014). *Sir Vidia's shadow: A friendship across five continents*. Houghton Mifflin Harcourt.

Thompson, Hanne-Ruth. (2020). *Bengali: A comprehensive grammar*. Taylor & Francis.

Yule, George. (2023). *The study of language* (9th ed.). Cambridge University Press. https://doi.org/10.1017/0781009233445

He Rārangi Tuhituhinga, he Rārangi Ratonga, i te Reo Māori

Anei tētahi rārangi pukapuka reo Māori he pai hei tauira mō te whakatakoto i te kupu ki a au (ko ētahi he maroke!). Ehara i te mea ko te katoa o ngā pukapuka e whai ake nei he reo Māori e whai ake nei. E pōuri ana au i te nui o ēnei tē taea te hoko, te pīnono rānei i ngā whare pukapuka.

Benton, Richard. (1972). *He waka pakaru kino?* New Zealand Council for Educational Research.

Broughton, Ruka Allan. (1993). *Ngaa mahi whakaari a Tiitokowaru.* Victoria University Press.

Calman, Ross. (Ētita). (2021). *He pukapuka tātaku i ngā mahi a Te Rauparaha nui / a record of the life of the great Te Rauparaha.* Auckland University Press.

Jones, Pei Te Hurinui (Kaiwhakamāori). (2017). *Te tangata whai rawa o Wēneti; Hūria Hiha ; Ōwhiro.* Aka & Associates Limited.

Tama-Ki-Hikurangi, Renata K., & Hogan, Helen M. (1994). *Renata's journey.* Canterbury University Press.

Kaa, Te Ohorere & Kaa, Wiremu. (Ngā Ētita). (1994). *Nga kōrero a Reweti Kohere mā.* Victoria University Press.

Kaa, Te Ohorere & Kaa, Wiremu. (Ngā Ētita). (1996). *Mohi Turei: Āna tuhinga i roto i te reo Māori.* Victoria University Press.

Kaa, Te Ohorere & Kaa, Wiremu. (Ngā Ētita). (1996). *Apirana T. Ngata: Āna tuhinga i roto i te reo Māori.* Victoria University Press.

Kāretu, Tīmoti. (2020). *Mātāmua ko te kupu!: Te haka tēnā! Te wana, taku ihi e, pupuritia!* Auckland University Press.

Kāretu, Tīmoti. & Milroy, Wharehuia. (2018). *He kupu tuku iho: Ko te reo Māori te tatau ki te ao.* Auckland University Press.

Mason, Te Haumihiata (Kaiwhakamāori). (2019). *Te rātaka a tētahi kōhine.* Holocaust Centre of New Zealand.

Mataira, Katerina Te Heikōkō. (2002). *Makorea.* Ahuru Enterprises.

Mataira, Katerina Te Heikōkō. (2012). *Ngā waituhi o Rēhua.* Huia Publishers.

Pōtatau, Hēmi. (1991). *He hokinga mahara.* Longman Paul.

Reedy, Anaru. (Ētita). (1993). *Ngā kōrero a Mohi Ruatapu: Tohunga rongonui o Ngāti Porou.* Canterbury University Press.

Reedy, Anaru. (Ētita). (1997). *Ngā kōrero a Pita Kāpiti: The teachings of Pita Kāpiti.* Canterbury University Press.

Roa, Tom. (Kaiwhakamāori). (2015). *Ko ngā takahanga i a Ārihi i te ao mīharo.* Evertype.

Royal, Te Ahukaramū Charles. (2008). *Te ngākau: He wānanga i te mātauranga kia puta he aroha, he māramatanga.* Mauriora ki te Ao, Living Universe.

Sadler, Hone. (2014). *Ko Tautoro, te pito o tōku ao: A Ngāpuhi narrative.* Auckland University Press.

Shakespeare, William. (2024). *Rōmeo rāua ko Hurieta (Te Haumihiata Mason, kaiwhakamāori).* Auckland University Press.

Temara, Tā Pou. (2023). *Te rautakitahi o Tūhoe ki Ōrākau.* Auckland University Press.

Kupu Taka

₹, *Tohu moni mō te rupī (moni o Īnia)*

Ahitereiria, *Australia*

ahurea, *culture*

ahurea tuakiri, *cultural identity*

Airani, *Ireland*

Airihi, *Irish*

Amerika, *America/USA*

aorangi, *planet*

ao tukupū, *universe*

Ārapi (Arapa), *Arab, Arabic language*

aro whānui, *standard*

arotakenga, *review, evaluation*

Āwherika, *Africa*

emepaea, *empire*

ētita, *editor*

ētita kuputuhi, *text editor (software)*

hākete (tiakete), *jacket*

Hapani (Hapanihi), *Japan*

hauta, *south*

***herenga pori (tatai umanga, kāihe, kāehe)**, *caste*

Hinerū (Hinitū, Hinirū), *Hindu*

***Hīniti (*Hīni)**, *Hindi*

Hingapoa, *Singapore*

hiporete (kupu huna, kupu hipa), *password*

hononga ahokore, *WIFI connection*

Huītene, *Sweden*

Ihirama, *Islam*

Ingarangi, *England*

Ingarihi, *English*

Īnia, *India*

īnihi, *inch*

Initonīhia, *Indonesia/Indonesian language*
iPapa, *iPad*
ipuka (ipukapuka, puka matihiko), *e-book*
ipurangi, *internet*
***ira wetereo**, *grammatical gender*
***ira wetereo kau**, *neuter grammatical gender*
***ira wetereo tāne**, *male grammatical gender*
***ira wetereo wahine**, *female grammatical gender*
kaimātai oha, *economist*
***kaipukapuka**, *bibliophage*
Kamupōtia, *Cambodia*
Kānata, *Canada*
Kānehi (Kanihi), *Ganges*
Karakata, *Calcutta (Kolkata)*
kāri, *garden, card*
kāri nama (kāri taurewa, kāri pēke), *credit card*
kāri raraunga whaiaro, *SIM card*
Kariki, *Greek*
kāreti, *carriage (of a train), college*
kīhipa (kīmuna), *passkey*
kōkota (pane uruwhenua), *visa*
korara, *cholera*
koroniara, *colonial*
kōura, *gold*
Kowheori-19 (mate Korona), *Covid-19*
kuhimua, *prefix*
kuhimuri, *suffix*
Kūkara, *Google*
kūoro, *syllable*
kupu āhua, *adjective*
kupu ingoa, *noun*
kupu mahi, *verb*
kupu rirohanga, *possessive word (grammar)*
kūru (tangata kūru), *guru*
manapori, *democratic, democracy*
manatā, *copyright*
***mararia (eku)**, *malaria*

Marei, *Malay*
Mareihia (Mareia, Mārēhia), *Malaysia*
mata rorohiko, *computer screen*
matapae, *predict*
mātauranga rapunga whakaaro, *philosophy*
matihiko, *digital*
***mekahīti**, *megacity*
mita, *meter (measuring device)*
motuhēhēnga rorohiko tukurua, *2FA (2 Factor Authentication)*
Muhirama, *Muslim*
Mumupai, *Mumbai (Bombay)*
nahinara, *national*
Nepōra (Neporo), *Nepal*
nōta, *north*
Nōwei, *Norway*
***omareta kikini**, *spiced omelette, masala omelette*
orokati, *consonant*
***orokati whakaputa hau**, *aspirated consonant*
***orokati kōtuke muri**, *retroflex consonant*
***orokati tamumu**, *murmured (breathy-voice) consonant*
oropuare, *vowel*
***oropuare ā-ihu**, *nasal vowel*
oropuare rerekē, *diphthong*
pae pāhopori (pae (pāpāho) pāpori), *social media site*
pae tukutuku, *website*
paenoho, *suburb*
Pāhia (Pēhia), *Persia, Persian (language)*
Pākaratēhi, *Bangladesh*
Pāniora, *Spain*
Pangakoko, *Bangkok*
papa ako, *campus*
papapori waenga, *middle class*
Parīhi, *Brazil*
pātengi raraunga, *database*
Peretānia, *Britain, British*
Perū, *Peru*
pirihi, *priest*

Piripīni, *Philippines*
Piritana, *British*
Piritene, *Britain*
piwa, *fever*
Pōrana, *Poland, Polish*
porotēhi, *protest*
Potukara, *Portugal/Portuguese*
pū-āio, *yoga*
pūhono (pūtūmua), *preposition*
***pūhono muri**, *postposition*
pukapuka pakimaero, *novel*
rakapioi, *rock and roll*
Rāoho, *Laos*
Rātini, *Latin*
rau kikini, *spice*
reo Marei, *Malay (Bahasa Melayu, Bahasa Malaysia) language*
reo Pākehā, *English*
***reo tone**, *tone language*
reo tōtahi, *monolingual, monoglot*
***reo tūhāhā**, *language isolate*
***reo wharanga**, *lingua franca*
rerewē, *railway*
***rikitō**, *rickshaw*
Rōmana (Rōma), *Roman*
rupī, *rupee* (Rs, moni nō Īnia)
Rurutao (Hakapia), *Shakespeare*
taka, *taka* (৳, *moni nō Pākaratēhi*)
tāke, *tax*
Tāka, *Dhaka (Bangladesh)*
***taikorohia**, *diglossia/diglossic*
taiopenga, *festival, carnival*
taipō, *typhoid*
Tairana, *Thailand*
Taiwana, *Taiwan*
***tangata kūru**, *guru*
tāpoi, *to travel, tourism*
tāpui, to set aside, reserve
taraihikara, *tricycle*

Tatimana, *Dutch*

***tauaweawe**, *mutually influence*

taupānga (pūmanawa tautono), *app, computer/smart phone application or programme*

tautāwhi, *support, sponsor*

tautuhi, *identify, define*

Te Puna Mātauranga o Aotearoa, *National Library of New Zealand*

tepenga, *limit, size limit*

Teri (Terehi), *Delhi*

Tiamana, *German*

tīhara, *diesel*

tino motuhaketanga, *independence*

Tipete, *Tibet*

tipitipi, *roaming*

TiriAta, *YouTube*

Tiwāri, *Diwali*

***toma**, *tome*

tuakiri, *identity*

***tuhinga haerenga**, *travelogue*

***tuhinga mahara**, *memoir*

tuhituhinga whiti, *verse, poetry*

tukanga, *process*

tūkapi, *pronoun*

tūkapi rirohanga, *possessive pronoun*

Tūpae, *Dubai*

tūruhi, (wae tāpoi, kaiwhakatāpoi), *tourist*

tūtohu hau, *AirTag*

upoko, *chapter (of a book)*

***Upera**, *Uber*

Ūropi, *Europe*

wāhi hawa, *slum, ghetto*

Witināma (Whitināma), *Vietnam*

Wēra, *Wales*

whakaaio wairua, *meditate, meditation*

***whakaaio wairua wahangū**, *transcendental meditation*

whakakonuka, *corrupt*

whakatauranga rorohiko, *docking station (computer)*

whare kīngi, *palace*

whare kōrana, *mosque* (kōrana = *Qur'an*)
***whare punanga**, *ashram*
whatunga tūmataiti mariko, *VPN (Virtual Private Network)*
* Nā *Peter J. Keegan* anō ēnei kupu i waihanga. Tērā pea kua whakaputaina kētia ētahi o ēnei kupu ki wāhi kē atu.

He Āpitihanga

Te Reo o Tēnei Tuhituhinga

He ngāwari, he māmā te reo Māori i tēnei tuhituhinga. Ko te tūmanako ka taea e te hunga taiohi te pānui te tuhituhinga nei, ā, kia kaua rawa te kaha haere ki te papakupu mō ngā kupu hou. Ko ngā tikanga tuhinga e whāia ana i tēnei ko ā Te Taura Whiri i te reo Māori. Ko ngā ingoa wāhi, ko ingoa tangata kua riro mā te reo Pākehā e hari (kua whakatītahangia ēnei kupu katoa), mehemea kāre kau he kupu pai, he kupu e mōhiotia whānuitia, pērā i te kupu Īnia mō *India*.

Ehara tēnei tuhituhi i te tuhituhinga reo ā-iwi (engari ka kitea he kupu nō te uru). Ehara au i te tino tohunga ki tētahi reo ā-iwi, he reo tuarua te reo Māori nōku, ā, ko aku kaiako reo Māori nō ngā iwi katoa. Nō reira, i runga anō i te aroha ki a rātou e ako tonu ana i te reo Māori. Ko te tūmanako, e mārama ana te tuhituhinga ki te katoa.

He rārangi kuputaka kei te pukapuka nei hei āwhina i te hunga e ako tonu ana i te reo Māori, hei āwhina hoki i te kaituhi i a ia e tuhituhi ana. Ko te Haerenga o Renata (1994) he tauira pai mō tētahi pukapuka e āhua pēnei ana i tēnei, ahakoa nō te rautau o mua kē. Ko te tūmanako ka ara anō ētahi atu pukapuka o tēnei tūmomo tuhituhinga.

Ki te kite koutou i ētahi hē i roto, me tere whakamōhio mai mā te īmēra. Kia whakatika au i te pukapuka hiko, i te putanga tuarua, i te tuaaha rānei o te pukapuka pepa, kua iti haere ngā hē.

Ngā Tikanga Tuhituhi Pukapuka

I te tīmatatanga, ka tuhituhi au i tēnei tuhinga ki te reo ngāwari e kīia nei ko te *Markdown*. He māmā noa iho tēnei reo. Ka taea te whakamahi mā te ētita kuputuhi, pērā i te *Sublime Text Editor*, i ētahi atu taupānga ētita hoki ki tō rorohiko. Engari he pai ake ngā taupānga ētita *Markdown*, pērā i te *IA writer*. Ko tēnei taupānga, he taupānga ka noho tūhonohono ki tō rorohiko, ki tō iPapa, ki tō waea pūkoro hoki. Ka tata oti ana tēnei tuhinga, ka whakawhitiwhiti au i te kōnae nei ki te *Microsoft Word*. He pai kē te *Microsoft Word* mō te takotoranga o te whārangi, mō te hanga i te rārangi upoko. Ko ngā tohutoro, ko ngā rārangi tuhituhinga, ka whakaurua ki te *EndNote*.

He tangata papakupu au (ki ētahi, ki taku kōtiro he papakupu kē au). He nui ngā papakupu kei taku tari mahi, kei taku iPapa, kei taku rorohiko. Nāku anō tētahi papakupu (ā-hiko) Māori i waihanga, he mea kohikohi i ētahi papakupu, i ētahi atu rārangi kupu, kāore i a au te manatā kia tukua ki te ipurangi, ki tāngata kē atu rānei.

Ko te wāhi pai hei wāhi tuhituhi mōku, ko taku kāinga. Ka tūhono au i taku rorohiko pōnaho ki te papa pātuhi nui, ki te mata rorohiko e 27 īnihi te nui mā te whakataunga rorohiko, mā te *CalDigit*. Ko te painga o te mata rorohiko nui, kei te taha matau te *Microsoft Word*, te aha rānei e tuwhera ana, kei te taha mauī ko tētahi atu (ētahi kē atu rānei) taupānga e tuwhera ana. Kia whai pūtea au, ka hokona he mata rorohiko e 32 īnihi, e 34 īnihi rānei te nui. Kua whakamahia e au ngā mata rorohiko e rua i ngā tau o mua, he pai kē te mata kotahi.

Ka tuhituhi au i te ata, i muri mai i te parakuihi, ka paku whakatā i te ahiahi, ā, ka haere tonu au i te pō, tae atu ki te iwa karaka, ki te tekau karaka rānei. E mōhio ana au ki ngā tohutohu a ngā tohunga tuhituhi, arā, me whakarite wā tuhituhi i ia rā mahi, i ia rā mahi, me mau rawa hoki ki ērā whakaritenga. E ono ngā rā o te wiki e hīkoi ana au, e whakapakari ana rānei i taku tinana i te whare whakapakari tinana tata ki taku kāinga.

He Mihi

Tēnā koutou katoa, e ngā kaipānui, kua tae mai ki te wāhanga whakamutunga. Me mihi au ki tōku whānau ake kei taku kāinga i Tāmaki Makaurau e noho ana. Nāna nei au i whakawātea kia haere ki tāwāhi i a rāua i te kāinga e noho ana. I waimarie mātou ki te puta atu i Aotearoa hei rerenga whānau, engari i tēnei wā tonu kāore anō kia tae ā-whānau atu ki Īnia (hei te tau 2025 pea ka tutuki tērā wawata). I ngā wā katoa, ka hoki tonu atu au i Īnia, kua kino taku whakahōhā i a rāua ki aku kōrero mō aku kitenga i Īnia. He mihi anō tāku ki taku whānau whānui, arā, ki a koutou e kaha ana ki te āwhina i a au ki runga i te huarahi ako i tō tātou reo rangatira, i te reo Māori.

He mihi nui rawa atu āku ki ōku hoa o Īnia puta noa. Mei kore ake koutou me ō koutou aroha ki a au e mau tonu ana. Nā koutou anō au i poipoi, i manaaki hoki. Kāore au mō te whakarārangi i ō koutou ingoa ki konei, heoi anō e mōhio ana tātou ki a tātou anō.

Ko te mihi whakamutunga ki ngā ētita, ki ngā kaipānui, nāna nei ēnei whakatakotoranga i whakatikatika. Huri noa tēnā rā koutou katoa.

Te Kaituhi

Nō Waikato-Maniapoto, nō Ngāti Porou a Peter J Keegan. He pouako matua ia i Te Puna Wānanga o Te Kura Akoranga me Te Tauwhiro Tangata, Waipapa Taumata Rau, Tāmaki Makaurau, Aotearoa. Kei Tāmaki Makaurau ia e noho ana.

www.maorilanguage.info/puka-inia/

He Pukapuka Anō nā Te Kaituhi

Keegan, P. J. (1996). *The benefits of immersion education: A review of the New Zealand and overseas literature.* New Zealand Council for Educational Research.

Keegan, P. J. (1997). *1996 Survey of the provision of te reo Māori.* New Zealand Council for Educational Research/Te Puni Kōkiri.

Brown, G. T. L., Irving, S. E., & Keegan, P. J. (2007). *An Introduction to educational assessment, measurement, and evaluation: Improving the quality of teacher-based assessment.* Pearson Education.

Brown, G. T. L., Irving, S. E., & Keegan, P. J. (2008). *An Introduction to educational assessment, measurement, and evaluation: Improving the quality of teacher-based assessment* (2nd ed.). Pearson Education.

Brown, G. T. L., Irving, S. E., & Keegan, P. J. (2014). *An Introduction to educational assessment, measurement, and evaluation: Improving the quality of teacher-based assessment* (3rd ed.). Dunmore Press.

Keegan, P. J. (Ed.). (1998). *Te Wāhanga Kaupapa Māori publications and documents 1972-1997.* New Zealand Council for Educational Research.

Tibble, T., Keegan, P. J., & Kururangi, R. (Eds.). (2007). *He Whānau nō Maraehara.* The Estate of Kakapaiwaho Kururangi Tibble.

Podmore, V., Hedges, H., Keegan, P. J., & Harvey, N. (Eds.). (2016). *Teachers voyaging in plurilingual seas: Young children who learn through more than one language.* NZCER.

Keegan, P. J., Cliffe-Tautari, T., Lemon, R., & Tamati, S. T. (Eds.). (2024). *Te Huarahi Māori: A Māori-medium initial teacher education programme.* Huia Publishers.

www.ingramcontent.com/pod-product-compliance
Lightning Source LLC
Chambersburg PA
CBHW011936050726
47590CB00011B/3308